西藏脈動瑜珈

TIBETAN PULSING YOGA

肉體、精神、意識、靈性的全面淨化

Vidya 著

自序

脈動是做了覺得沒啥好說，一種無可言喻的空靈幽靜，怎麼說呢？這是脈動朋友們常常反映的一句話。自己勤練脈動就是處在難以詮釋的片刻中，無我、無他、無言、無思。似乎意識著內在暈開的亮，或是內在的亮只能在寧靜中意識著！

脈動在臺灣十餘年來，一直是小眾團體，一直是不散的實修精神。朋友在一起練的不是什麼超凡入聖的密法，是某個層面意願放手的靈識們，實踐有為中的無為法。意願放手不是失去而是寬敞，不是無奈而是豁然；當我們願意卸下面具，自然可以體諒戴著面具的苦，自然滋生同理心，自然放下惡意的批評。

明知流行著某種崇拜與威嚇，明知荒謬的流言擋不住，我們沒有批評只能反省，我們的覺性呢？怎麼信著用商業手段包裹著難辨真偽的論調？怎麼注意不到內在閃過的狐疑？藉一點靈光反照，不過是人造神。神最人性了，少不了貪瞋癡的，不管自稱神還是人，生老病死難以倖免！少了譁眾取寵的信仰，自然少了裝神弄鬼的人，那麼、人類意識有了反璞歸真的機會。

自己一路守在脈動的教學裡，感謝脈動朋友們的回饋，見證朋友們意識的蛻變，處變不驚的涵養，驚滔駭浪中保住內在的純真，寧靜的心配著漸漸健朗的肉體，瞭解世間情成了最自然不過的娛樂之一！那麼、我們有機會經歷揮揮衣袖不帶走一片雲彩的非我族類的風采，這就想起了《心經》裡最印我心的句子：「心無罣礙，無罣礙故，無有恐怖，遠離顛倒夢想……。」

談到罣礙，想到傳法中有人問佛陀什麼是業？佛陀說：無可奈何就是業。真傳神！而在脈動裡，我們認出覺得進退兩難的是種相信，相信自己是無可奈何，相信自己是情非得已。尤其是親密關係，那種剪不斷理還亂的情與愛……。或者是名與利，那種無止境的追逐，有也煩沒又苦的慾與癡……。世間人，深深的如此相信，如蠶縛繭，層層疊疊！

當佛陀回答無可奈何就是業，跟著當然有人問怎麼辦？在脈動裡沒有人會回答你怎麼辦，除非自己走過，走過方知來時路。所有、我們認為要怎麼辦的問題，我們也都是參與者，別人又怎麼會知道呢？就如同所有的相信是一種根深柢固守著規則的牌局，參與的就繼續玩，直到驚醒時思忖如何出局，這時生命有了新的瞭解，也需要新的能量運作，需要內在的亮，引導出局的智慧及放下的勇氣！

內在的亮，是生命能量甦醒恢復順暢運作，身心靈直接受惠超思想似的意會形容詞。脈動是實修的功法，工作在身體的神經系統，朋友與朋友心脈的連結，大於個人的動能，自然產生磁性的物理化學作用，整合調理身體這座偉大奧祕的靈魂殿堂，我們經歷著無字眼可描述的最私人的療癒過程，帶著亮，行行復行行……。直到我們瞭解，原來我們就是亮的本身。

七年前唏哩呼嚕短短個把月就出了一本脈動書，很冷門，感謝文興出版社的友誼支援得以問世。最近聽到有人說在圖書館看到脈動書，給著善意的鼓勵，心裡小小感動。前一陣子有出版社的朋友建議把脈動編成工具書，買了書就可以回家自己練。以自己多年的經驗告訴他萬萬不能，他嘆了口氣說：「完了！你們西藏脈動一定會再次失傳了」。我回說：「失傳就失傳了，曾經失傳千年的脈動要再次失傳也認了。」

不過心裡可不這麼想，在臺灣的脈動屋總有著十來位的朋友勤練脈動，這把火種是不會失傳的。因為脈動人人可以是自己的老師，可以不斷的實修，無需追隨某人或團體，只要朋友們彼此護航，堅持自己的信任，自己內在的亮，體認生命只能自己負責，法自然繼續傳承。

脈動朋友們分享自己的經驗，也面對深不可測的情緒深淵，能夠堅持的其實不多。不過不多才是正常的，誰願意去承認自我操弄受苦於悲歡離合只是集體意識遊戲的方式？只是隨波逐流的機制反應？一旦深究，才知自己一直是個夢中人，那麼體驗才真正的開始。

脈動只能說是支援系統，運轉足夠的「能」讓我們本來的「有」承接，所以靜心觀照還是最重要的，否則學而不習，無法落實生活，像是原地打轉暈頭轉向，靈性自我的詭譎更壯碩，讓覺悟之道好似是咫尺天涯，遠在天邊近在眼前。一轉眼像是捧著一顆疲憊的心，只想退居一角喘口氣。因此在脈動裡經驗著深度放鬆，功不居、道不求，剛開始又同時要見識到社會制約的斑駁剝落，對慣於現狀的自我確實不易，能夠一本初衷繼續潛行，要驚或喜就看朋友們是否意願了。

脈動的道理很簡單，方法也很簡單，偏偏頭腦鄙視簡單，讓簡單包袱著不容易的但書。所以我們脈動朋友們無法跟自己或別人的頭腦爭辯，我們成了一群對社會制約不對焦的人。以往的相信像是圖像存檔，偶爾可懷舊噓唏，或是歸之虛無。但是不代表我們無法在社會生存，而是治煉不同的質感，少了做作，少了緊張，自己可以感覺別人也可感覺，生存的價值有了新的軌跡，不用改就變了。

既然如此，身為脈動唯一的華人資格師，知道脈動功法不能做為大眾化的工具書，但至少可以以自己的經驗為脈動朋友們分享實用的脈動書。還真不能再等另一個七年了，世事多變，歲月催人，雖然心裡不會著急，但是不能偷懶，所以脈動書又出現啦！要感謝紅螞蟻圖書公司的李總經理，見面兩個多鐘頭，彼此對世間情有相當雷同的瞭解，相談甚歡，答應助一臂之力，真是遇到貴人！

脈動需要勤練也許不適合每一個人，但哪一種功法不需勤練呢？每個人都有意願見識自己的勇氣與智慧，希望脈動提供一個可能性讓與趣意識蛻變的朋友們受惠這簡單強效的自療藝術。讓古老的生命智慧繼續傳承，謹附介紹西藏脈動的由來及背景於本書內。

感謝所有參加過脈動的朋友們，藉此表達對所有脈動朋友們深深的敬意，滿滿的愛！更感謝一直在身邊勤練的脈動朋友們，每一位都是值得珍愛的寶！就像每位有意願在意識上有所蛻變的人，都是宇宙能量的寶！

目錄

第一章

什麼是西藏脈動瑜珈？

脈動的朋友們常說：「脈動真的很讚，只是不知如何對別人說。」是的！當我們聞著玫瑰花的香，有誰能描述香味呢？

如《心經》所言：「色不異空，空不異色，色即是空，空即是色，受想行識，亦復如是。」我們只能體驗而無法描述空性！

脈動的技巧很簡單，四十五分鐘朋友與朋友的心脈連結，激起綿綿不絕的精緻頻率，深入不可測的潛意識裡，內在的本質甦醒了。甦醒中有一些微妙的剝落感，潛沉的空性在生物電能陰陽活絡的交換中，化合、轉變、析解，剎那脫穎而

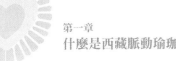

出，隨即一片寂靜。

當然自我也會不時的出現叫囂或干擾，期許即時阻撓隨時被溶化的負面情緒，自我不想失去地盤。那般困獸猶鬥的力量很可能逼空性退位，使得我們會逃避，會找藉口，會掙扎，此時我們的意識需要有堅持的意願：「此時不過更待何時？」那麼當下蛻變就發生了！

脈動的力量是當下的，內在蛻變的力量是當下的，脈動的技巧是有智慧的，我們不跟過去比較，也不跟未來祈求。利用兩個人以上的連結所產生的能量，大於製造問題的個人頭腦，順勢融解盤踞在神經系統的負電充斥。阻擋傳導物質流動的負電荷一旦被移除，馬上我們感受到愛的流暢，愛的告白，如花朵綻放。

愛是一切療癒的力量，愛是能量自然的流動，神經系統的正、負電荷有序的交換著，自然產生電能，電能產生磁場，如陽光、空氣、水的聚合，生命得而滋養，得而生生不息，得而實踐，所以說、小小的頭腦是很難意會空性的無限，就讓心來做主吧！

心是我們身體裡維持生命現象的主動力，像個高功能的小馬達不停的運送血液到各個器官去。身體器官本身的運作已經是相當複雜，彼此間的溝通很重要，首先取決生物電能在神經系統傳導的穩定與流暢，心能夠工作順暢，情緒的特質將是充滿著愛！

西藏脈動瑜珈是門嚴謹而完整的學習系統，不是說說而已，確實經過成千上萬的學習者長期的體驗，瞭解身體有二十四器官的能量屬性，流動著四種不同的電流，藉著神經系統傳導物質忙碌交錯著。我們提供的技巧，無法用頭腦介入，靜心品質是必須的，不過、帶領者會對初學者先做解釋，滿足親愛的頭腦們。

這樣的學習系統，我們以四個器官為一組色波，共六個色波。大都工作在口腔內，懂得心理學口腔期的朋友們，當可意會這技巧的威力；還有以讀眼做診斷用，分左右眼呈現陰陽不同屬性，不同層次的技法運用，給有興趣給個案的朋友們學習，不過不急，因為工作在自己身上最實惠。

脈動課堂先要有兩個概念，一如經度以電流為名，解釋生物電能量的運作特質。「頭腦」屬「靜電」，「心」屬「磁電」，「丹田」屬「直流電」，「整體」為「交流電」，演化為思想、情緒、行為，合作出現象界的事實。一如緯度，以生命成長過程中的時間名為「七步曲」，適用於肉體年齡、心理年齡，甚至靈性年齡。一旦能量循環順暢，很快明白在時空經緯中的處境，既而釋懷眾人的造作，自己也難咎其詞，放下批評吧！在這時空裡，我們其實都是一樣的。

在脈動課程中，一樣有個基本門檻。沒有崇拜，沒有承諾，沒有威脅利誘，沒有誰高誰低，每個人走自己的過程，無需比較。進得門來，工作在自己身上，反觀自己是唯一的責任，而責任是自娛的方式之一，嚴肅是不必要的。有位資深的學員說：「練脈動越來越不會去計較，身體放鬆心裡沒緊張，生意越做越順，該有的都有……」當初容易焦慮不安的他，蛻變了。

不管怎樣，生命本身就是自顧自的走著「七步曲」的循環，我們經驗瞭解「七步曲」能量屬性的過程，對意識蛻變有著莫大的幫助。特此翻譯脈動創始人Dheeraj對七步曲的詮釋，有助於對意識蛻變有興趣的朋友們，來親近與瞭解脈動密法的古老精神，執行依法不依人的智慧傳承。

歡迎呀！朋友們！

第二章

西藏脈動瑜珈的由來

（譯自 Dheeraj 的講義）

大約千年之前，一位偉大的印度上師 Naropa，設計出六道階式的教導，確認生命六大元素可以加以修練，而且相應在 Bardo 六道移除的清洗過程。也就是人類於死亡的過程當中，將穿越好像沖洗式的混沌，一種宇宙機制的大清洗。肉體的六大神經叢所負荷的電荷將釋放無遺，也是再次進入生命延續前的一個中途過程。

這位上師給出這樣訓練的想法，是為了讓人們在生命可以自主時就清淨自己，免去面臨死亡時重大衝擊的惶恐和無助感，移除靈魂深處神經系統所有過量負載的負電荷。以 Dheeraj 的瞭解，所謂的靈魂與我們身體的神經系統是同樣的機制；也就是說，神經系統是靈魂顯化在肉體的現象，正、負電荷交合輕巧移舞，亦步亦趨的表演。

有趣的是 Dheeraj 也自行研展出一個技巧稱為 New Mind，一樣運作出六道階式的過程，相符於西藏傳統所謂 Bardo 的經驗。在他跟隨師父七年時，New Mind 的技巧成熟的被運用，而師父也指示社區內建造與埃及原型相符的黑色大理石金字塔，是為西藏脈動 Dheeraj 的工作而建。並且命名為 Naropa。

似乎師父建造金字塔是讓 Naropa 的意願有再次回歸世間的象徵場所，也讓 Dheeraj 心有靈犀，鑽研起被稱為 Naropa 六瑜珈的真意何在？瞭解上師想出這個六道階式的訓練，傾向於清洗所有面臨死亡時神經系統所負荷的負電荷，在活著時，同時可以經驗自我理悟的境界，打開佛性的通路。

Dheeraj 決心更加堅定，想再次重造 Naropa 六瑜珈的確切修練來符合 New Mind 技巧的可能。他非常專注於找出六瑜珈是用什麼樣的技巧，漸漸地在靜心當中，他看到相當叢結的形狀，指出身體的上半部，臉、頭、喉嚨，有個規律的設計，很像以前曾經在蘇菲的教本看到過，有兩個連鎖的四方形。在蘇菲難以理解的教義裡看過這樣子的形狀，描述空間與時間的感受度。效果發生在兩個大四方形彼此襯托著。他驚訝得看著這是指出時間與空間的關係，然而同時另有四個額外添加的叢結，像個地圖一樣。

事實如何不得而知，不過 Dheeraj 自己已經發展出一套極其完善的身體電路版圖，指出身體生物電能的能量循環路徑。兩者之間明顯地看出有著高度的類似性。Dheeraj 自行發展間，曾經諮詢數位西藏上師的教導，得到莫大的肯定。奇怪的是，在某段時間裡，上師們又都突然不見蹤影。

接著遇上了曾經是中國道教總會道長的倪師父，當他看到 Dheeraj 的文稿，注視著其中的一頁，嘴裡唸著：「嗯！非常摩登，非常摩登，回想當初我修持這道法門時，幾乎是上千頁的教本呢！」Dheeraj 眼睛發亮緊接著問，「教本在哪裡？教本在哪裡？」他想著要打破禁忌，執行不可能的任務般地準備去中國大陸。倪師父是位有文化修養、擁有學術地位的道長，他說：「舊版過時了，我們必須重新編寫，重新打開記憶，用在生活裡，並且重新建立這樣的生命態度及生活品質。」

Dheeraj 知道這工作至少是有儀軌的，兩個偉大的正統信仰，佛教與道教都用同樣的系統。同樣的多次看到正統蘇菲也用著同樣的系統。所以他更深入地進入系統去看那個六，六是什麼用意？那添加的四呢？難道是四部會六單位嗎？當然，這系統順理成章的也成為脈動瑜珈修持的基本架構。

經常的，他進入靜思冥想時，浮現一個模式，足夠接近已經執行的技巧的相容度，只是要如何定位在如許奧祕的身體裡了。而在一個片刻裡，感覺一陣和風拂過我的脊椎，所有有關脈動的訊息就這樣的傳給了我，是這麼的奇妙，卻又如此無可置疑的，Dheeraj 臉泛光采這麼說著。

果然經過這麼多脈動技巧的運用，成千上萬的脈動行者的蛻變過程，證實了六瑜珈實修確實是個人的直接體驗，功效已非一般言語所能言及。也確實是師父們無比的慈悲乘著願力來傳承，願生命的智慧永遠流傳於世間，這就是脈動瑜珈的由來了。

本書摘譯的內容大多是 Dheeraj 在課堂中的即席演講，十多年的時間，吸引成千上萬的朋友們前來接受他的教導，聚集在社區的金字塔內，涉入意識蛻變的探索。這些話語，成了課程參與者在執行身體能量整療時直接的理解，把帶進來的亮，在蛻變過程中轉化成自己內在的亮。

請把這心意當成是個示範，我們將鋪敘出脈動的每一個步驟給我們一個新的領悟，一個新的指標，一個新的瞭解，透過靜心的技巧，探究在人類的神經系統是怎麼回事？為何如此特殊？

在我們的神經系統到底是怎樣創出我們周圍的世界來？為何十二指腸的能量會衍生出稅賦觀念？股票市場，幣值匯率的玩意兒呢？所有這些奇怪的抽象物卻佔了我們生活的一大部分，而這些金融指標物根本是非自然的產物。

簡單地說，我們所描述所謂的世界是從哪裡開始的呢？世界從何處來呢？

其實是來自一個最普及的經驗，當我們在母親的子宮裡，個體成長延成自我組成型在人類發展期所需的一個模樣。

我們不是開始於一個成型的人類，

我們開始於一個佛性，宇宙的精靈。

透過母親的子宮，我們進入了世間的軌道，

然後事情發生了，

正如每個人身上所發生的事一樣，

非常特別的事創造了出來，爾後被稱為幻覺的。

我們探討所謂幻覺的勢態，它是所有來自人類十分自然的發展結果。它不是發展在鯊魚或是百合，卻是發生在每個人類的內在，是這麼的有規律性，讓我們開始同意我們的感受。我們同意我們喜歡的事，也因為這樣的同意，我們開始創出制度化的模式，形成我們稱之為世界的模樣來。

構成這樣的世界所需的所有條件，形同我們出世驅於成長及最終的了悟是一樣的。脈動的技巧提供一個有意義於增進進展過程，透由靜心，我們大有可能重回由裡往外的生活原型，我們也大有可能學習回頭去看到最深的裡面，也可以往前看到最遠的前面。

我們的心跳就有如一個自動的小馬達。只要靜心不需要到處尋求，隨時就可以起動幫助脈動最佳增進器的小馬達，帶我們即時回到當初經歷困難出現的放映區。我們有這樣的馬達原動力，不只帶我們到現場更是給我們力量的源頭去矯正第一次經驗的錯誤。整個過程在神經系統裡發生作用，能簡單地清除負電的充斥，中和驚嚇的起因。

也許是媽媽生氣打了你一巴掌，也許是爸爸拳頭太重了，也許朋友一把推倒讓我們撞破了頭，不管當初是如何不可思議的因素介入，現在看到了，我們可以大笑。原以為在我們生命中很糟糕的傷痛，相同的遭遇，一樣可以在任何地方看到發生在其他的孩子身上。原來這些錯誤，這些震驚不是什麼特別，而是非常普通的事。當我們看到這個事實，生物電流又恢復流暢，瞭解驚嚇造成的短路有個補償性的幻覺模式，試圖補償那些在個人發展期無意中造成的錯誤，一而再的形成負電的充斥。

我們將談論活力，活力是生命力的要素，朝向生活而不是朝向死亡。幻覺聯繫這樣的性格特質，把它稱之為愛。其實活力的源頭應該稱之為性慾的，我們將用顯微鏡式的觀察入微，清晰地來看這樣的過程，看我們從活力孕育出來的幻覺，成為我們所說的戀愛了。

還有，我們所說的做愛。

我們不是在做愛，

我們是在幹活。

愛就是愛，愛是做不了的。

活力一直企圖保住活著的條件，我們將利用此技巧密集的、全力的，在我們靜心中來觀察這樣的特質，是如何發生在每個人的內在，而幻覺又是如何的因此而生。

每一段落，將平穩的帶著我們步步往前，到幻覺是如何的攀緣而起，從第一個互動的開始，當我們在母親的子宮裡突如其來的驚嚇，直到一個慣常的模式建立幻覺的存在，繼而鋪陳在這物質世界裡。

我們看到這些規則如何的引起我們身體的成形而貢獻在這世界的組合裡，這成形的身體，來自我們的地球媽媽移向一個獨特的人類意識。從個體的經驗到集體意識的融合，與地球媽媽的親密關係達到更深遠的境界，請跟緊腳步吧！

第三章 脈動創始人——Dheeraj 的生平

1998年9月25日，Dheeraj在義大利羅馬的一家醫院離開身體。

在他離開身體前三個月，他將西藏脈動最後一個課程，可稱為第七波的「Temple」傳授給來自世界各地，勤練脈動多年的108位學員。

密集的訓練課程中，他無意中說：「差不多可以交差了。」一些敏感的學員們就猜測，親愛的老師即將要離開了，而大多數的學員們都不願相信這會成為事實。

時間回到同年的9月初，當時Dheeraj的身體已經顯得非常的孱弱，他的女朋友不顧他本人的反對，硬是把他送進羅馬的醫院。他不讓醫生使用任何藥物或方法來給予急救，只靠單純的點滴，度過他人生最後的兩個禮拜。直到去世前幾分鐘，他示意拿掉一切維生用的針管，雙肩聳起，強力呼出最後一口氣，保持意識地離開身體。

陪在一旁的朋友們不禁莞爾，這就是 Dheeraj，即使在人生的最後一分鐘，還是保持了他一向的 power。醫院的人說：「多數人離開身體時是徐緩軟弱地吐完最後一口氣，或者呈昏迷狀態。」而 Dheeraj 給朋友們一個清晰的榜樣，也是他的教誨。

西藏脈動的技巧就是在做死亡前的準備，融化負面情緒的障礙，清楚地觀照生命的本質。Dheeraj 不是用口頭上說教，而是真的一步步走向前，身體力行地引導我們，即使在死亡的剎那！

Dheeraj 出生在美國德州達拉斯的小鎮上，本名叫 James Rudolph Murley，他曾經是個無可救藥的酗酒者，達二十年之久。他是那麼的沉迷在酒瓶裡，甚至瘋狂地高速騎著他那大型的摩托車時，還邊含著一根連著酒瓶的吸管，唯恐錯失了他第二輪喝酒的癮頭。

終於，他下定決心要戒酒，可是一直找不到適當的方法。他幾乎嚐遍了各家門派的冥想方式，包括美國印地安人的、印度錫克教徒的，或其他古老的，或正在流行的各式各樣的冥想方法。直到有一次，可以置他於死地的胰臟炎再次發作，而且一連發作了四次，他覺得自己隨時會死掉，這次，他真的決定要用剩餘的生命為自己做點事了。

當時，他住在一個小農場裡，時常練習靜坐，就在這安靜的時刻裡，他察覺到一個癢癢的感覺，深深地由他的胰臟傳出來，發現只要用手觸摸胰臟的位置，然後感覺脈動，很快能平撫那個痛養的感覺，只是把手放在痛的部分就能覺得緩和下來，這就是西藏脈動的原創始由。

接著他試著用聲音來震動器官的肌肉，發覺可以利用自己的聲音由裡面去接觸體內的器官。他領悟到如何用觸摸及聲音來聯繫自己的身體，並且能夠撫平痛楚。為了更進一步的實驗，他開始以身體工作做為人生的方向。

有一天 Dheeraj 前去芝加哥拜訪他的前妻，因為她發覺自己的乳房長了一個腫瘤，必須考慮利用手術切除。Dheeraj 抵達後，觸摸前妻覺得痛的地方，並且將腫塊用手指扣住，當下他的前妻情緒乍起而哭個不停，而 Dheeraj 的手指間變得非常的熱，脈動也變得非常的強烈。經過了半小時後，前妻自己覺得悶痛的感覺減輕，腫瘤也似乎縮小了些，Dheeraj 就以這樣的方式工作了幾天，直到腫瘤小得幾乎摸不出來。

Dheeraj 曾經是一個經營非常成功的建築商及廣告代理商，但是他把自己的事業喝垮了，甚至走投無路，不知道如何活下去。現在他知道了他自己的另一個專業，可以繼續的生存下去。他首先專注在腫瘤及癌症的症狀，起初知道的很少，為了獲得更多的經驗，他尋找各式各樣延展的可能性。他給個案時，會閉上眼睛，內視到與形成癌症很明顯有關聯的景象。

例如，他看到每個乳癌都有個男人的名字掛在那兒，屬於某個與患者曾經有過親密關係的人；她為逝去的戀情悲傷著，假如她可以放下悲傷，則可避開癌症的侵襲。假如她不肯放下這個「不肯」，癌症就有百分之五十的機會張牙舞爪、伺機而動。

Dheeraj曾經在Time雜誌讀到，由Abraham Levy博士在Brooklyn V.A醫院裡做過的醫學研究報告。Dheeraj去拜訪Abraham Levy博士，看他用低瓦特的燈泡發出低能量輻射，直照在腫瘤上，產生格外的熱度。

基於學理上的研究，Abraham Levy博士曾工作在只有正常肌肉血管容量二百分之一流量的腫瘤上，並且觀察到腫瘤自己沒有能力散熱。在採用一個小燈泡的低輻射光當作來源來照射，觀察到肌肉在吸收熱度時，腫瘤也一樣在吸收熱度，但由於腫瘤還是無法自己散熱，很快地就比旁邊圍繞的肌肉來得熱。為此，旁邊正常肌肉組織一旦察覺到腫瘤是異常物，很快就會發動去幫忙腫瘤消腫和散熱。

Dheeraj意會到這正是身體經過提醒而自然發起的自癒本能。也就是說，自癒本能一直在體內隨時準備救援的工作，只要身體內傳導的管道（神經系統）不要被負面的情緒所佔據。持著這樣的瞭解，使得Dheeraj深信身心靈是渾然一體不可分的。

Dheeraj深覺醫學界的諸多研究貢獻也少有如此的考量，為此，他開始致力研究以靜心為基礎的治療藝術。他學習有關身體療癒與聲音的關係，並且發展出一個記錄的方式。這種循環式的圖表，可以簡單地描述音調與身體特定器官的關係。例如，他記錄發生在他用聲音震動肝臟時的情形，再找出對肝臟有意義的頻率，於是，一個具有療癒意義的超音符出現了。

在這種方式下，他學習到每一個器官有它自己特有的頻率，來解釋出一個特定的電器迴路。他對於聲音的學習過程，變得越來越精練，越來越有效率。他將所有的時間都用來做肉體的接觸靜心，透過心跳，帶出脈動的高頻週波。他強調這般心的聯繫稱為是「與心同謀」的工作。因此，每個人都可以知道我們在做什麼，每個人也可以知道如何去回應，這樣的身體工作是非常自然的。

透過神經系統傳達心跳，也可以說傳達心的力量，你可以「玩弄」一下身體，由一個點到另一點，在鬆緊之間感受不同的電流流動，而運轉了特定的器官能量，甚至可以說，你有效地解開病痛的原點。

有一次 Dheeraj 給個案，是一位電影製作人，曾經製作過片名叫「星球生命的祕密」，影片是由 Stevie Wonder 負責配樂。當時影片的宣傳招牌高掛在高速公路邊，令人驚奇的是上面有個圓形圖樣，非常類似 Dheeraj 用來記錄聲音資料的圖案，原來那是電影製片人有一次前往西藏旅行時帶回來的唐卡。

Dheeraj 之前雖然曾經接觸道教師父的教導而獲得極大的益處，在看到了影片宣傳上的圖樣後，Dheeraj 心裡似乎又有些觸動產生。於是，他開始極積尋找任何在加州附近落腳的西藏人，並且殷勤察訪。日後，他與卡魯仁波切及許多位仁波切開始了極佳的朋友關係。

當時 Dheeraj 留著一臉的鬍鬚，兩邊各有大捲毛的鬢角。回憶起第一次拜會卡魯仁波切時，他朝向仁波切走去，仁波切微笑地注視著他，一邊對著他侍從低語說：「去問問他到底怎麼樣能夠通過中陰身還可保留著他的大鬍鬚？」原來，當卡魯仁波切還是個年輕和尚時，有位老師正是擁有像 Dheeraj 一樣的捲毛鬢角大鬍鬚，一樣有一道傷痕在左眉骨上，講話的聲音也一樣，不久發覺連很多小脾氣都像。

他請 Dheeraj 一起坐在桌旁，開始談起他的這位老師，一位非常狂熱的傢伙。西藏人一向相當狂野，即使用西藏人的標準談起這位老師，還是與眾不同。因為他老是試著想找出方法，如何把他的工作傳播給大眾，讓它有益於大家而能去治療自己，尤其是精神上及情緒上的問題。當他有著如此奇怪的念頭，自己也知道這是個十分狂放的想法。因為密教的上師長久以來以「法不傳六耳」為前題。

當時還有四位西藏上師一樣認出他正是他們以前的老朋友，名字叫 Jamyang Wangpo Khyentse Rimpoche，死於 1940 年，49 天後，Dheeraj 的媽媽懷了他。

經常與仁波切請益的 Dheeraj 有一次拿出剛寫完的一本書，被其中一位 Dujam 仁波切輕敲封面，也不打開來看就說：「這是本非常古老的西藏經書。」即使 Dheeraj 辯說這是他才剛寫完的一本書。更令 Dheeraj 驚訝的是，他再去拜訪 Dujam 仁波切，這位上師用藏語叫他「Garuda」，意思是這個人由天堂偷了東西，拿回到人間給陷在地獄的朋友們。Dujam 仁波切要求他「Sing and dance the A.B.C.」Dheeraj 很驚訝的就是，似乎所遇到的西藏人就是可以直覺地知道事情。

以他的研展工作，是以英文字母來使用學習於聲音的連續順序，或是機動的連續順序套入英文字母內，怎麼這個傢伙會知道呢？Dheeraj 暗忖著 Dujam 仁波切的要求「sing and dance」。接著更令人吃驚的是，隨著吟唱與舞動，他似乎以光速神遊到超空間般的境界，不管是遊到哪個方向，在那個時候，他同時可看到一些年輕的西藏人及其他拜訪 Dujam 仁波切的人。（這種情境，神似現代先進科學家所描述的宇宙全像。）

這些西藏上師們的門徒時常對他覺得嫉妒，因為他所能接受的訊息，甚至是從未被提起過的。他們問上師，這個人甚至可以治療癌症，為何我們不能？我們跟著上師這麼久，而他只是新來的。Dujam 仁波切的回答是：「當你曾經到過地獄又從黑暗中出來，你將獲得了不被預知的力量去治療別人。」

爾後 Dheeraj 經歷不同疾病發作的經驗，還好沒惹上後續的麻煩，這是引導他個人對疾病治療的實驗。他說：我的身體是我的實驗室！確實的掌握機會，經驗在不少疾病傳染時，能觀察自己，工作在身體的方式。他有個非凡的感知，就是允許自己在疾病裡靜心，以自己內在的火燃燒掉病源。這真是偉大的禮物，教導他越來越明瞭治療的力量，也給他自信而能夠去幫助別人。

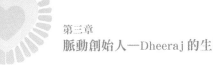

1983年，Dheeraj與Osho取得聯繫。當時他想自己的工作已經完成，可是不久，他領悟到他的工作只完成了一半。他意識到他對女性及接受性的一面仍然是未知的，他從未對自己生命體內存在的女性陰柔面珍惜過。一個新的瞭解升起，使女性面自然的來到他的生命中，幫助他的見解成為全然的。

他接受Osho的引導，並且得到一個新的名字，意思為「信任的芬芳」。Osho將Dheeraj的工作賜名為「西藏脈動」，並指出Dheeraj所使用的技巧，曾經在西藏的修道院中相傳了兩千年之久。

1992年，達賴喇嘛拜訪印度Poona，與Dheeraj會面時也指出，他的工作在西藏已失傳千年之久，再次見到這個技巧的傳承，覺得值得祝福。並且細聲地在他耳邊說：「真高興又見到你回家了。」

十年來，在印度奧修社區中發展New Mind的過程中，Dheeraj決定將自己的工作公諸於世的夢想付之實行。他想發行他的書「Where does the world come from?」，藉此打開對中陰身見解的新視野，以及與科學、醫學領域的連結，公開他的發現經過及研究治療的探索過程。

1997年，Gangchen喇嘛邀請他至義大利位於Bagni di Lucca Tuscany的世界和平地球村，這個具備天然療效的地方，成了Dheeraj孕育最後一次教導「Temple」傳承的殿堂。

1998年7月，Dheeraj以名為《Where does the world come from?》的論文，獲得米蘭世界和平組織附屬學院的博士學位。

跟著他工作及學習多年的朋友們，現在依然繼續的在探索及傳遞著他內在或外顯所發現不可思議的奇麗，脈動從未停止！

第四章

脈動話說從頭（一）

十幾年前曾經到過「印度普那奧修國際社區」待上一陣子的朋友們，應該會有印象當時的「西藏脈動學院」是如何的盛況。在社區內有旺季、淡季之分，只有 Dheeraj 帶領的西藏脈動課程，在淡季時依然可以開立為期五十天的百人團體課程，旺季時更是社區內長達十餘年的熱門課程，直到 1997 年的初夏，Dheeraj 離開印度社區，移師義大利。

「西藏脈動治療學院」是奧修（OSHO）親自命名，並將社區內金字塔建築最大的一間教室取名「Naropa 1」，指定給 Dheeraj 做為西藏脈動的專屬空間，極盛時期，這裡經常有兩百名左右的學員們在此共同學習。有幾次 Dheeraj 慈藹地對大家說：「奧修（OSHO）常提起我們的地球只要有兩百個佛，整個人類意識將會有一個跳躍式的蛻變。」這是師父的洞見，讓我們在這裡也發生吧！

起初 Dheeraj 非常熱衷利用這門技巧治病，諸如各種腫瘤、癌症、愛滋病等等，可是很快的奧修（OSHO）告訴 Dheeraj 治病的事讓醫院去做，西藏脈動的技巧是靜心療法，是幫助興趣於意識蛻變的朋友們，移開生病前的原因，解開情緒上心理上的糾葛，覺知生命能量的原本和諧。所有的技巧都是為靜心做準備，使自己成為靜心者是人類最大的責任。身體的病痛在心理上都有個找生病的傾向，都有個情緒上的線索。

美國一位著名女科學家 Dr.Pert 在 1970 年初發現生物體內的鴉片受體而名噪一時。在「美國國家衛生院」擔任腦生化科主任十三年之久的她，曾經證實也鑑定了一些與情緒有關的生化物質，認為身心之間有著生理化學的連結，而人類這個有機體，就是一個完美精密的溝通網路。

這個概念重新界定了健康與疾病不是對立，是雙向溝通的，並賦予每一個人新的責任及更有力的生命主導權。領悟情緒是心智與身體的環扣，說明情緒分子如何功能化我們身體的每一個系統，身體有足夠的智慧尋求健康之道，有足夠的潛能保持身心健康。

早期 Dheeraj 曾經問 Kalu Rinpoche：「您的教導是這麼的困難，而生命又是如此的受苦，不如自殺算了，讓一切受苦盡快地成為過去。」Kalu Rinpoche 微笑地看著 Dheeraj 說：「當你還擁有身體的時候，容納的痛苦是有限的，但是當你自殺時，趁機離開身體的痛苦有如脫韁的野馬奔馳，形成無窮盡的失落感，你的受苦將變得巨大無比、強而有力、沒完沒了，因為這些能量不再受你的身體約束，因此有的宗教會說成這是死後審判，進入地獄之火中的煉獄。」

在西藏傳統稱「中陰身」為：「處於死亡後與出生前之間」。不管我們身體的神經系統維持著什麼樣的電荷，在死亡時，需要全部釋放掉，否則無法進入到下一個生命形態，直到死亡釋放閒晃在神經系統內全部的電荷。而這內含在神經系統的，不妨稱之為「靈魂」。

在佛家來說，人身難得，能有肉身來修持是非常珍貴而重要的過程。身體的覺知只能在「此時此刻」，這也正是靜心的精髓：「活在當下！」

身體是物質，而所有的物質分子都是由原子組成，原子是由電子、質子、中子的結合。電子帶負電荷，質子帶正電荷，中子不帶任何電荷，因此一個物體有相同的電子和質子時，不會含有電荷，反之數量不平均時，物體就會帶有電荷。

電荷是電的基本性質，是造成電子和質子互相吸引和互相排斥的起因。電荷量既不能創造又不能毀滅，只能由一個物體移到另一個物體。每一個電荷周圍都充滿了電場，活動時還會產生磁場，是一種相對性的原理。

電子會像陀螺般的自旋，自旋的電子創造出活動的電荷，於是又產生另一個磁場，往往強過電子活動軌跡所產生的磁場。隨處可見的物質通常都帶有磁性，因為磁性是光的基本成分，走筆至此，心理暗想這物理課本對電荷的解釋可以有些意義延伸的體會。所謂「靈魂不滅」似乎意味著死亡只是轉變到不同的另一個形體，這個道理應該不難瞭解，差別的是我們有多執著於看得到的物體。

同樣的，在西藏脈動對電荷的用語是用來提示人體生物電能，陰陽能量結合順暢與否而形成的性質。當生物電能順暢就如電荷們攜手言歡、陰陽交融、相親相愛，一路舞步滑溜，傳導愉悅的氣息。否則各自僵住一旁，陰沉了起來，如此無端的生起悶氣來。想要再次活絡電荷的交換，最好能有強於獨自沉悶、重新起動電流的動能。

為何西藏脈動連結兩人以上的能量運轉，被稱為強效的自療藝術，可不是浪得虛名。或者以男歡女愛、激情纏綿、陰陽能量交流自然溶化而帶來放鬆及再次的新鮮滋味，似乎是異曲同工。

在能量交融中保持覺知與靜心品質稱之為 Tantra，否則稱之為性行為，之間的舒暢，有心人稱之為大喜樂，而不需要透過性行為的大喜樂，在西藏脈動自療藝術裡稱之為「與心同謀」。

Dheeraj 記取 Kalu Rinpoche 的教誨，致力於如何清除神經系統的閒盪電荷，讓進入中陰身全力釋放電荷時，免於任何非必要的衝擊。他常笑稱我們在做死亡前的準備。

Dheeraj 在印度普那奧修國際社區，十餘年來傳授西藏脈動的課程，內容以身體二十四個器官的專有屬性組成精密的網絡，分布於皮膚表面脈點，配合顏色、聲咒、音樂、唐卡等調製出一種人類潛意識的主觀性，符合四種不同電流流動的位置，有如詩歌般得以流傳歌頌。

「眼睛」自古以來就常被稱為人的「靈魂之窗」。虹膜上等分成二十四格，可讀出身體二十四器官能量，這個記號代表著神經系統在傳遞時所刻成的訊息。右眼呈現男性面的主動和積極，左眼呈現女性面的被動和接受。

Dheeraj 會教我們先用眼罩蓋住左眼幾天，感覺自己的心性跟平常有否不同，然後再把眼罩換蓋住右眼幾天，一樣小心感覺有何不同。至於有何感覺，可以在安全的環境裡自己經驗一下。

西藏脈動課程提供的系統嚴謹而龐大，也容納了易經的推演，學員們大部分會以助理的身分回來重覆練習。Dheeraj 要求大家著重身體工作及靜心觀照，以為要用力於頭腦記憶及知識的學習，反而是最大的絆腳石。

他說神經系統是最完善的溝通網路，是生命所有傳導物資奔馳於上用來忙碌溝通的路，當然得保持暢通無有阻礙，既然是無有阻礙，自然會融會貫通。

後來更是要求必須先上完三階以上二十八天一期的 New Mind，確定先落實以心跳為動能的脈動，體驗內在和諧自然韻律，才能推己及人。免得初學乍練，斷章取義套用讀眼的知識，不自覺中容易以負面說詞解讀。

負面說詞是社會的意識型態為了容易獲取注意力以便控球，如用生理病變對照虹膜的記號，引起恐慌而落入商人的推銷術裡。反之脈動的讀眼學以情緒的引導為題，功法為用，有效的走出困頓。

Dheeraj 提醒學員們小心用詞，他說潛意識忠實地記錄並只接收肯定句，肯定的負面句確實或多或少帶有殺傷力，相對的正面的肯定句也有潛移默化的功能。

每當團體課程中有人埋怨身體那裡痛，這裡痠，或是訴苦被莫名情緒翻騰得不知如何是好，Dheeraj 都會微笑的說：「Good!Good!」

他說人類的覺知起始於負面的感受，所以負面的感知是帶路的先知，帶來反應不能說是不好，認同負面不是不好也不是好，請耐心的陪伴自己走過深度洗滌的旅程。或者說是生命較粗糙的不平衡正趨向精緻的交換過程在流動著，請允許平衡與不平衡無礙的改變，也允許改變盡情的表演。

如此行行復行行，突然間，你察覺到自己是如何的在過程中，一而再再而三重覆玩弄同樣的詭計，一念之間你覺醒了，你放下了。談到 New Mind 正是西藏脈動在社區內中後期的強打課程，著重在人生七步曲的瞭解，一旦釋懷人生歷程的演變，再無有偏袒，自然免於過程中的執著。

這個課程以四個器官為一組，每個類別各有一個「色波」，二十四器官分六種色波為名。這個技巧是 Dheeraj 以內觀修持所觀照出的神經系統與器官與脊椎之間的回饋電路，經過一再實驗，發覺工作在口腔內，效果最為顯著，正好呼應奧修（OSHO）離開身體前，囑咐門徒們發展可以工作在牙根的治療技巧。奧修（OSHO）發覺牙根的神經攜帶深遠的記憶，為了靈魂能夠自由自在世世代代吟唱下去，釋放滯怠的電荷是必要的手段。

1997 年初，六色波順利的演繹完成，Dheeraj 直指六組 New Mind 的架構稱為「脈動六瑜珈」，其精神正是源於 Naropa Six Yoga。

1998 年 6 月在義大利近比薩的一個小山城（班尼里鹿卡），108 位學員跟隨完成「New Mind 7 Temple」的課程，也就是 Dheeraj 生前帶領的最後一次團體課程。同年 9 月 25 日他在羅馬醫院離開身體，當時令大家驚愕不已，引發很多無以名狀的情緒，甚至憤然大肆批評，種種情緒摻雜一時混淆不清。

原來緊緊跟隨，一路顛簸於這條路上，不自覺抓住 Dheeraj 的帶領，剎那間人走了，繩索斷了，死亡是他的告知，彷彿也在向我們說著：「朋友們！該給的都給了，開始走自己的路吧！」聽說奧修（OSHO）離開身體後，很多老門徒一樣有類似的情緒，怪罪師父的承諾尚未完成就先離開了，追隨的路徑尚未成道就撒手不管。

深深哀慟掀起自己的舊傷痕，也許是恐懼、是悲傷、是憤怒。莫非師父的慈悲正是綣藏在刺破門徒們的幻覺，那一剎那間一切攤開，每一個人還是得單獨走自己的路，師父是曾經為你掌燈的人，人走了，燈還是亮著，亮在跟他心心相印的人，將亮繼續的傳遞出去。

1999 年初 vidya 由歐洲回到臺灣來，起初無意於西藏脈動課程的帶領，被朋友識為「自了漢，只顧自己好」。爾後、受到朋友們的鼓勵，才開始帶領 New Mind I（綠波）的課程。

在臺灣受限於朋友們需要上班工作，只能利用週休的時間，緊湊練習，使朋友們更珍惜共修的機會。十餘年來，Vidya 的心情，有時像萬花筒，有時像一杯清澈的水，有時擔心自己不夠精進。

其實漸漸的看到身邊的朋友們無畏於蛻變前的酸甜苦辣，個個能量精緻了起來，即使一陣陰霾罩頂，很快地就察覺而放下，念頭不再像初學時那般不輪轉。課程越帶越輕鬆，才體會到為脈動的朋友們護航，大家的精進也正是自己的精進。想是在朋友們身上看到了自己，也看到了吾道不孤，每個人內在都有著最自然的渴望認出自己靈魂深處的自由，在自己身上下工夫，永遠是最值得的事情。

不論是依隨什麼樣的技巧，持續練習就是不二法門，你會發覺師父就在心頭座，你就是自己的老師，答案就是在你自己的身上：不用懷疑，這是真的！讓我們一起下工夫，一起跳躍，讓師父的洞見成為一個最大的可能，讓人類的意識來一個大跳躍吧！

第五章

脈動話說從頭（二）

1998年六月初，Vidya由墨西哥市飛往義大利比薩市，再搭車到班尼里如卡，一個純樸清麗的小山城，以極為熟悉歸隊的心情向Dheeraj報到，準備參加西藏脈動New Mind的第七道課程「Temple」。

這是Dheeraj準備多時而且宣稱是他最後一次親身帶領的課程，參加的朋友們必須完成六個波的New Mind，才得以加入這一次的課程。等大家都安頓好，來自世界各國的老朋友們再次聚集一堂，人數共為108位。Dheeraj的女朋友Kalpa笑稱108位朋友們好像代表著中國封神榜上的108位星宿。

1970年，Dheeraj在美國加州遇見當時道教總會會長倪化清，告訴他曾經是中國歷史上的文王，Dheeraj聽了覺得暈眩不已，一時無法辨知時空的轉移；因為他之前常會看到自己被囚禁在一個陰暗的地窖，屈膝窩在角落裡撰寫記事，倪道長說彼時他正在獄中演算八卦，也就是易經的前身。

為此Dheeraj跟在倪道長身邊學習了近十年的時間，將他對中國道教的理解及最近一次前身在西藏修道院密修的記憶融會貫通，轉釋成現代人可以理解的技巧，同時自己也將這個技巧用在很多身邊認識的朋友上，成為具有實效的自療藝術。

當他的喇嘛朋友告訴他，應該去找一位「心」的師父時，他恰巧在電視上看到奧修（OSHO）的報導，令他有一份莫名的悸動，想成為奧修（OSHO）的門徒。因此 Dheeraj 寫了一封信給奧修（OSHO），要求成為他的門徒，但是奧修（OSHO）的回覆是「不」！因為 Dheeraj 字裡行間攜帶著暴力的訊息。Dheeraj 又回信問道：攜帶著暴力的訊息如何平撫？

奧修（OSHO）說：人的身體中，牙齒及指甲攜帶著暴力的訊息，你說該如何平撫？Dheeraj 居然自己動手拔下一顆牙齒，放在信封裡寄給奧修（OSHO）。1983 年奧修（OSHO）接受他成為門徒，取名為 Sw．Shantan Dheeraj，意思為「信任的芬芳」。

奧修（OSHO）讓 Dheeraj 開始在普那社區進行這門治療藝術的實驗，賜名為「西藏脈動治療學院」，並且將社區內金字塔的建築內最大的一個教室，以密教宗師「Naropa」為名，指定給 Dheeraj 帶領西藏脈動的課程。十餘年來 Dheeraj 主持的西藏脈動治療學院，即使在普那社區淡季時期，一樣吸引數百名學員參加團體課程，是每年為社區收益最多的學院。

重要的是西藏脈動有非常深厚嚴謹的學習系統，可以持續的啜飲能量的洗禮。在社區內要見到西藏脈動的學員們，大概只有在用餐的時間，否則大部分的時間都在做練習，一如修行人每日持咒禮拜般不願懈怠。

Dheeraj本身也一樣不斷的練習，以身作則，一直陪著大家，由綠波、紅波、藍波、黃波、閃亮波、紫波，直到Temple。每一個波似乎可以獨立，事實上必須一路跟上六個波意識洗滌的過程，以準備進入第七步的Temple，成為完整的循環。再加上訓練課程「Intensive I & II」。幾年下來的訓練，身邊的朋友們，相貌、性情逐漸改變。

靜心的品質像盛開的花朵滿溢著芬芳；
當然期間也曾被黑暗期吞食過，
正如奧修（OSHO）說的：
開始往內看的時候，
你會與你的地獄打照面。

還好在Dheeraj一再的教導中，我們勤快的工作在自己身上，體驗身體能量的流動，與身體二十四個器官連結於二十四節脊椎神經發展出不同能量的屬性，及不同的電氣流動迴路，卻又極其精準細緻協調的一起運作，與大自然二十四節氣相呼應。

有科學家就說，影響人類及生物情緒最大的是自然界的氣候交替，直接影響體內荷爾蒙的作用引發種種難以言喻的心情。仔細看來好比脫胎於中國古來農民敬天地、依順時節稼種，智慧累積做出類似的訴求。在西藏脈動的學習系統裡，可嗅到易經的味道，但不是只拿幾個銅錢擲爻占卜，而是利用這樣的瞭解，工作在人體的神經系統、生物電能的流動裡，我們總是有驚無險的一路走來，以自然界的規則，明白人生一直流動在七步曲中。

所謂的七步曲，可以藉人生意識成長期的模樣做個解釋，例如出生到六歲間，餓了要吃、累了要睡、睡醒了要吃，黏著媽媽抱著奶瓶的模樣，就是人生的第一部曲，由此展開了人生種種的歷程，每個人都是獨特的生命體，正如其他人一樣。

在西藏脈動的七步曲中，我們能夠逐漸瞭解也懂得利用生物電能電的特性；在每個個體下工夫，也就是說每個個體都攜帶或多或少的正、負電荷，在兩個或兩個以上的個體接觸時，電荷就會自然的互相撞擊，進行正、負電的結合，生命也是起於這樣的結合。

重要的是靜心品質的接觸，是必然的條件，可以迅速的起動電流運行出美妙的磁場，磁場的電流是互動，是你來我往的，是可以結實地滋潤我們已存在的電能。

正如我們可以感覺到親人以及戀人間的擁抱是有多麼的滋潤，難怪有人說擁抱是靈魂的糧食時，很難加以反對，因為人與人的接觸，渴望愛的交流是與生俱來的。因此透過能量流暢的運作，我們好像重新倒帶般，回顧曾經有過的傷痛、快樂、悲傷、甜蜜、寂寞、喜悅、害怕、恐懼、憤怒等等的情緒時，就像一道光亮，讓我們看到一切只是能量的來來去去，何其無辜，何其善哉妙哉。

只因頭腦如此認同剎那的感受而陷入混亂中，為此 Dheeraj 將西藏脈動的技巧稱為 New Mind，以完整正、負電荷的交換後產生的放鬆狀態來看穿。既然是能量的流動，情緒隨時會引動，會來來去去，但是你不再以舊的模式去認同，反而可以輕快的高唱著人生七步曲。讓你的能量是流暢的，觀照才可能存在。

觀照的片刻，只有發生在能量是流暢的，正如心的能量是磁性的、是互動的、隨時流動的，當你有愛的感覺，是心的能量在流動，只有此時此刻，你才能體會什麼是「觀照」。因為能量流動順暢時，你不會有任何批評，不會有任何恐懼，只有悄悄地融化著，沒有主客體之分，「觀照」成為最有可能的片刻。

而頭腦是靜電的，靜電的意思是正、負電荷不活潑、不準備做接觸或進行交換的。頭腦可以做最偉大、最繁瑣的企劃案，可以天馬行空、無遠弗屆的遐想，可是絕對感受不到一絲絲的溫暖或是愛的感受。它的功能是支援「心」的反應本能，以便傳達給丹田做為行動的依據，它必須是完美的資料處理中心，訊息的傳遞，時時必須保持清晰而準確。

可惜我們的頭腦老是充滿了一大堆的噪音，來自家庭、來自社會、來自文化傳統、來自過度的操作，使電氣迴路發生短路現象，佔滿了原本就極度忙碌的收發頻道，幾乎用了大半的生命能量來維持吵雜不休的大腦，「心」都快乾枯了。

西藏脈動的技巧不是硬生生叫我們丟掉頭腦〈No Mind〉，而是利用心脈能量磁性的特質加以連結，使互動的力量加強到足以融化頭腦的噪音。

這種深度放鬆的經驗，又像一盞燈光，明亮了一個瞭解和體諒，讓大腦善盡它的職責，而不是過度催促，讓「心」盡情的熱愛，恢復敞開的磁性本質，互相支援生命的機制，實踐與自然界共存的生命體。

奧修（OSHO）師父去世前、交代他的牙醫，請門徒們發展能夠工作在牙齦的治療技巧，基於奧修（OSHO）的瞭解，有生以來（不只一生）的祕密，都深藏在牙齒的根前。

而西藏脈動 New Mind 正是工作在口腔內的骨骼構造內及牙根前。在 Dheeraj 生命中最後的六年裡，帶領大家致力於 New Mind 的修持，跟在他身邊的人意識蛻變，難以言喻對外人訴說，只有共修的朋友們清楚地感受到內在日益清澈淙淙的流水聲。

因為他是如此地狂熱於意識的蛻變，在奧修（OSHO）去世數年後的社區內，已經醞釀一些抵制的聲音，認為社區應該像個開放的度假中心，而不只是門徒們佔據的地方，或是像個修道院組織的地方。

Dheeraj 瞭解這十幾年來，西藏脈動的能量在社區內飆得如此高，慢慢趨緩是必然的現象，只是人為的毀謗令人不悅罷了，但也藉此 Dheeraj 在 1997 年初決定離開社區，接受義大利羅馬朋友們的邀請，將一個稍嫌荒廢的建築整修後，做為脈動朋友們再次相聚的西藏屋。

就在這裡 Dheeraj 教導我們 New Mind 的第七步「Temple」，同時也接受了聯合國世界和平組織附屬人本學院頒發的榮譽博士學位。

他的論文是取自他在社區內帶領六個波時的講稿編輯而成，當時他親口囑咐要這本著作交給 Vidya 翻譯成中文，把他帶回到中國人的地方。想起來真的是收受重託而不自覺，一心只想練習自己的西藏脈動，而沒有想到老師的託付與期許。

直到 1998 年 9 月 25 日，Dheeraj 在羅馬的醫院離開身體後一個月，Vidya 才失魂落魄般的回到臺灣，不時悲從中來、嚎啕大哭，跟了六年摯愛的老師，再也看不到了，感覺自己孤單極了，根本沒心思做翻譯的工作，只是偶爾望著厚厚的文稿發呆。

生活上的需求還是不容許悲情來取代，應徵了幾個工作，沒有人理會一個離開社會六、七年的人。所幸給了一些個案，有幾位朋友有興趣學西藏脈動，就做了小小的開始。在課程的學習過程中，學員們分享了一些個人的經驗，描述起來像是奇蹟般；當然我們的身體自癒能力就是一個偉大的奇蹟。

談到奇蹟，西藏脈動的技巧曾經幫助很多人脫離病痛，但是Dheeraj不願以治病為題，他說：「我們不是醫生，我們不是治病，我們是走一條恢復人類靈性無邪的原創性的路。」

我們會經歷很多割捨的痛，而這痛是來自 Ego（自我）的執著，每一個人的身體是完美的，能量是最純潔的，是不會生病的。生病的感覺是來自積在神經系統內過多的負面電荷，干擾了身體能量的運作，而使身體各個器官功能不再完善的彼此支援，身體提醒我們需要學習覺知能量的運作，以便保持能量流暢的運轉，以便和大自然同調和宇宙能量協調共振。

身心靈是沒有分野的，不需要等到身體生病了才來著急，而要預先的清除負面能量的積壓，使身體的能量流暢的運作。在情緒面的感覺，流暢的能量就是愛的能量；愛的能量是流動的，是融化一切的，愛就是療癒的力量，愛就是奇蹟。

在某個程度的說明，療癒是一種主動趨向內在的過程。觀照自己的習性，察覺自己的態度，以接受性的柔情，允許有迴轉的空間，來釋放所有阻礙個人情感及心靈清明的負面電訊，西藏脈動的靜心技巧，正是提供了這種強效的可能性。

Dheeraj 常提醒學習西藏脈動的朋友們，絕不可以治療師自居，因為每個人都有自癒本能，不需要到處去問人為什麼？所有的答案都在自己身上。

脈動的技巧是幫助朋友們往內走，「師父就在心頭座」。Vidya 深深瞭解 Dheeraj 的教誨，脈動是需要實修的學習系統，地圖都有了，「無論如何還是得親自走一遭」誰也無能替代。希望這份美好的禮物，持續這樣的堅持，不斷的由朋友傳給朋友。

回想自己十幾年前困頓在情緒的憂愁孤城裡，身體無以名狀的疼痛，使昔日在工作上匹夫當關的神勇沒了勁，有如灶頭冷了火，漸漸地懷疑自己哪兒做錯了？不然就是千百遍地問自己為什麼？傳統的先想到求神問卜，找高明指點，往往宗教最是適時的提供方便之門，可惜生性頑劣，一時無法臣服於偉大的教義（因為實在聽不懂）。

一天在書店裡，毫無目的地東翻西看，直到書店的音樂響起，溫柔的聲音向大家道晚安，順手從書櫃上取了兩本書到櫃檯結帳。

回家後，隔了幾天，才想起坐下來閱讀這兩本書，原來是出自奧修（OSHO）師父演講彙集成冊，經由謙達那的翻譯神韻浮現，將奧修（OSHO）師父的智慧毫不保留地躍然紙上，一頁一頁翻閱，開心處不禁站起來又笑又跳，歡喜出自一位成道大師的教誨，居然是如此的親切，如此的輕鬆，窺見了自由的心情，又像奇妙的戀愛發生了。

透過書上登錄的電話找上謙達那，跟著他一訪奧修（OSHO）師父在印度普那的社區，非常感謝他的照顧及自願做翻譯。當時就挑上了西藏脈動綠波的四天體驗課及另一個短期的團體課程，有他這位大哥大級的護航，羨煞了許多臺灣的門徒朋友們，也讓我順利地享受了從未有過的靜心活動，身心得到了適時的釋放，三個禮拜後回來臺灣，很快地恢復庸庸碌碌的生活，只有奧修（OSHO）

師父的照片陪伴著。

一年後的某一天，突然很強烈的心聲迴繞：「普那有人等著我」，聲音持續了幾天，而且非常強烈，後來實在經不起自己的好奇心，盡快的辦好印度簽證，買機票訂機位飛向印度去。

抵達普那夜宿旅館，當晚即夢見自己坐在草編的床鋪上，兩位西藏喇嘛對著我向前走來，伸指按住兩眉之間說：「照顧你的第三眼，我們會幫助你。」

在夢中很清晰的凝視第一位師父，見他有一雙奇特的眼睛，如同西藏拉薩寺廟外所描繪在塔牆上的眼睛一般。這夢境如此的真實，而且從未再夢過，即使現在，那雙西藏特有的眼睛，依然震撼著我。

第二天進入社區前，遇到臺灣門徒，當時並不認識她，可是她直呼我名說：我們知道你會來。她解釋道：因為社區內所屬的西藏脈動學院團體課程需要中文翻譯，但是團體已經開始了，卻沒有人能擔任，因此詢問團體的指導，也就是我們的老師 Dheeraj 該如何是好？他說別擔心，有人會即時來到擔任翻譯。

所以她認定我就是。急忙推拒說：不可能的，本人的英文很差，還需要別人當翻譯呢！閒談之間提到昨晚的夢境，她又起了勁說：「對！一定是 Dheeraj，他的眼睛是很奇特的，既然這樣，妳一定要去看他！」她這麼熱心，再加上自己的好奇心，腳步很難不跟著移動。很快的進入了西藏學院專屬的團體教室，位於金字塔式的建築內。

當時 Dheeraj 正開始進行「讀眼」，諾大的幻燈片投射在白牆上的是學員的眼睛，Dheeraj 款款闡述眼睛是如何形成各種不同的記號。片刻中，我真的愣住了，同時也知道這就是了。

硬著頭皮答應當翻譯而進入了團體，但是實在太難懂了，一大堆專有名詞，以致不得不特別地用心，也就是這樣子，開始了西藏學院所有的課程，反覆實習，無悔的直到 Dheeraj 去世前一個月，與他分享西藏脈動的淵源。

他說：「西藏脈動的技巧是工作在第三眼，對人生自在了然。」才恍然大悟，原來催促自己到普那來的聲音，說有人等著我，那個無形的人正是自己的心聲。

西藏脈動除了注重個人的親身體驗外，Dheeraj 也教導了我們許多有趣的知識，幫助我們印證個案的效果。回首自己以前覺得老是在五里雲霧中，而今漸漸雲破月出，滿懷感激 Dheeraj 的教導，看到他時只有深深的擁抱，而沒有多餘的言詞去表達。

有一次聽到奧修（OSHO）的演講說：偉大的老師就像個空房子，裡面沒有人；當你對著空房子說感謝時，裡面沒有「人」！奧修（OSHO）說裡面沒有人，意指偉大的老師只知道給，而沒有自我（Ego），只有自我會想到來自別人的感謝。

告訴 Dheeraj：聽到這段話一直想到他，他淺淺地微笑，輕輕地抱著 Vidya 說：「感謝妳自己，妳為妳自己的人生進行了一件值得慶祝的事。」

基於對奧修（OSHO）師父及 Dheeraj 老師的感激，願意以有限的文字，將認真學習體驗的經驗，盡量地分享給有興趣蛻變的朋友們，瞭解到業力是可以轉化的，指令是可以改變的。

西藏脈動涉及能量集散，正、負電平衡的理由神祕而深遂，透由 Dheeraj 深入淺出的解釋，宇宙與人體脈息相通的現象，依然需要個人意願探求，慧根嶄露體會在心頭。

僅以 Dheeraj 的教導，加上自己多年學習的心得做為回饋，至於體驗的部分，建議參加團體是最為安全及有效。因為能量的整療是一種過程，需要非常有耐心及有經驗的帶領人照顧療程及技巧的學習。當你有所疑惑時，也能有適當的對象做為諮詢。非常重要的是有朋友能互相支持與分享。

西藏脈動異於其他靜心技巧的地方，可能讓你先看到陰暗面產生警覺，再藉著朋友連結後強勁的能量及心量流動的特性，使正、負電再次能平衡，因此會有一段段的心路歷程重新浮現。

只要朋友們深深記得，所有的情緒是你個人人生中無意識的累積，千萬不要怪罪任何人及任何靜心技巧的觸動，因為過去式的經驗，使自我逐漸執著於某種相信，以為陰暗面是負面，其實不然。所有的技巧只是在幫助放下對自我的執著，只是靜心前的準備，一旦釋懷讓所有的情緒都有權利流動，恍然一切事態必須先反求諸己，這樣我們才算是開始了內在旅程的第一步。

第六章

人類意識發展的七步曲

世間情的發展與進化，總是落入七步曲的調子裡。現今在興趣靈性探索的領域裡，是個非常普遍的常識。起源於西藏佛教的說法。Dheeraj 在脈動的團體裡一直循著這樣的軌跡，遇見人類長久以來的生命智慧，也證實了技巧的運用撥開層層迷霧的可能性。技巧傳承之前，他做了這樣的解釋：

人類腦力存在發展的頻率在相同度量的層次裡與脈輪同義。脈輪被談論了很多，似乎很多人知道，但是也僅只於此而已。傳說中，七個脈輪的煉金術事實上是對應在腦力的七個頻率，如此才有可能讓頭腦與心一樣的反應，在煉金術裡也有所謂的七個身體的說法，七個身體的奧妙正是人生七步曲的另一種描述。

Dheeraj 看待身體神經系統的方式是透過生物電能的特性，他不自認是個師父，他自栩是個電氣工程師。他看到身心的效應關係起源於生物電能的作用，也體會七個身體運作出七種不同層次的境界，從最低到最高的，還有一個八是不確定的。

我們無法談論第八的，因為在這時空裡是不存在的。那是觀照者，是觀照者的途徑，是意識的次元，是無法言喻的。是存在個人的感知裡，是我們的主觀性。當我們觸及了自己的領悟，主觀性統籌了所有的七步曲。

在脈輪，一個情緒點，那個第八的點，是如此全然的專注，甚至狂熱無私，極致深愛觀測的點，那就是過程中的第八的。第八的一直都在那，這一步正是古今師父們一再強調的觀照者。

Dheeraj解釋：「當我注視時，看到的是七和一個八，七和一個八，七和一個八。一組七是丹田，一組七是心，一組七是頭腦，第八的是哪裡呢？」原來，我們的脊椎有二十四節脊椎骨，低腰的八個脊椎骨主掌著我們行動的事務，所謂的感受。中腰的八個脊椎骨，主掌著我們情緒與經驗的相互關係。最上的八個脊椎骨主掌著我們頭腦智力的交涉。

身體取向的：

Dheeraj首先論及身體二十四器官的工作內容是承習於西藏傳統的教義，底部七節脊椎骨對應七個身體，並由第八脊椎骨主管。第八節脊椎骨是我們身體舌頭的電能根據處，這個器官反應我們對慾望的感知。是什麼力量統御著我們？原來統御我們的力量來自慾望的驅使。能夠清淨這樣的力量是必須的，以便中和對慾望的緊張。

脈輪取向的：

第二個題目則是關係脈輪的瞭解，中段七節脊椎源起於統籌情緒與關係互動的生物電能。是內在脈輪取向的主題，落點在生殖器發揮的功能，也就是說脈輪被我們的性能量所驅動。另一種說法為控制七個脈輪電氣循環的開關名為第三眼。當我們的情緒是否能夠成熟地統御性能量，關鍵在第三眼。

頻率取向的：

最上的七個脊椎骨和它們第八的導演，則稱為腦力或智力。我們的頭腦經常陷於制約裡，假如不是發瘋了或是成道了，一定是在這七節脊椎骨電能牽扯的制約裡。頂上第八的脊椎骨統御這七種頻率源於大腦，所以大腦直接導論我們的智力表徵。因此我們有三種生物電能運轉資料庫的部門：

頻率的↓思想腦力／聰明才智

脈輪的↓情感磁場／關係來往

身體的↓生存力量／驅使動機

意識趨向成熟的路上，我們必須處理與交涉種種不同事情的出處。二十四器官的連結確實與我們的思想、情緒、性趣如何運作及發展有關，同時在發展期間學習如何經營自己。

這樣的七步曲談不上是靈性的，只能說是人性的，這是我們的人性使然，是所謂的業力就地以身體的層次通過七步曲。生命中什麼是我們想要的？在人們可以察覺如何運算的範圍內，只是一種通俗的機械化作用。

只用說的告訴人家要當下止念非常困難，我們必須穿越所有發展的步驟。在西藏脈動瑜珈的方式是尋找出這個穿越七步曲的步驟，直通觀照者的點上。假如我們不是沉迷在情緒發展的七步曲中，我們就沒有機會完成七步曲的發展過程。我們也不可能進入到觀照者的境界。找到成熟的臨界點，只有到這個臨界點，自我體悟才是可能的。當三個觀照者成列而保持覺知的，自我體悟才是可能的。

然後在這個可能裡去看誰是我？然後看誰是我的？我是「這個」同時也是「那個」。開始能看到「這個」也是「那個」，微妙的瞭解升起。原來生命是沒有分別的，我們第一次的體悟是透過覺知的觀照。同時所有的步驟我們都熱情地實踐過了，當我們看到所有外在的同時也是我們內在的。所以有這樣的七步曲合奏那樣的七步曲，通通都運作著同樣的頻率。

這裡三組八的套裝方便領會二十四器官屬性的作為。當自我體悟在場，以西藏脈動傳統的說法，一個動牽動二十四個層面動，什麼意思呢？意思是當一個人的動，完美的與地球結合。在許多傳承裡稱為「成道」的，道家說與地球能量合一，在趨向更高層次前稱為「成道」的。

所有的生命型態在這星球上運作是透過一樣的七步曲，相等於七個身體、七個脈輪及七道頻率。頻率是僅有近代科學性學術描述過，卻在西藏已經實修了數世紀之久。

與地球二十四層面協調和諧正是脈動釀造的企盼，我們稱之為自我體悟。也容納了許多種的說法，比如師父一再闡述的試著說成為「無念」（No Mind）的。

◆第一步、生存期（Survival）：第一個身體／脈輪／頻率。

第一步即所謂的生存考慮。當人們感覺到生存被威脅，覺得介入一個生與死之間的情勢，於是發動最極限的緊張。這時以西藏教義的說法稱為「6000」。說是在我們意識中的結構為「6000」。也就是說，假如我們覺得生命處在危險當中，生存機制震盪的頻率為「6000」。

但是我們也許覺得不靈活了，也許有個痠痲的手肘關節，或許膝蓋痛得要命，但是突然不知從何處衝出來的一部卡車，往我們衝過來，說時慢那時快，我們跳了起來好像世運的跳遠選手奪標似的，跳往安全的地方。這時我們經驗到能夠即時解救我們生命的力量，這樣的直接反應來自我們的丹田。

我們也可以透過我們的心經驗這樣的能量。當有人傷了我們的心時的感覺，也就是說如果我們相信，我們只需要這個情人，這麼的深切，無法捨其獨活。在心的生存機制裡，就會相信假如情人離開了，我們的心也會跟著碎了。

頭腦裡我們執著我們的家，我們的車子，我們的所有物質的東西。這些保證我們生存的東西，只要發生了狀況，任何的可能都可以拿來這些東西。這時我們的頭腦混亂了，無法可想了，進入了動物的意識層裡，這三部分的經歷是源自生存機制，處於「6000」的層次。

第二步、適應發展期（Conformity）：第二個身體／脈輪／頻率。

人類在發展期間，探索一些事來幫助確定這樣的緊張可以維持生存的需要。因此，適時再發展出來的事件稱為「適應期」。或者可說是文化的，或是社會的，或是家庭的，成為適應形成家庭的基本成員。

這是第二步的發展，當我們學習去適應，以便保證我們的存活。我們學習去適應別人所希望的，所以可以得到別人的保護，我們不必繼續擔心可能會失去一切所有，或者變成七零八落無處可棲的局面。這是我們所處的步驟，處於「3000」的階層。

第三步、自我重要期（Self-important）：第三個身體／脈輪／頻率。

不可避免的我們來到了第三步，當我們已經學會了適應。隨之而後的自然發展，稱之為自我重要期。假如我們跨過了適應期的需要，我們變得自我重要起來。常想著：誰需要妥協？絕對不是我，我不需要任何的妥協。所以這是一個新步伐，西藏教義稱這為「1500」。

因為到了這裡，我們攜帶了適應期時一半的緊張。我們不再那麼的擔心適應別人或環境的要求，我們的自我變成是生命中最重要的事，我們處於自我重要期。

我們每個人都是這樣子的，每個人都趨於這樣的過程。假如我們沒有走過這樣的過程，我們無法成長，我們一定要通過的。萬一還深陷其中，先忘了吧！等到我們真的走到底了，然後真的看到自我重要期的我，是多麼討人厭惹人煩，我們感覺只能獨自走那麼遠了。

事實上，我們確實是單獨的，只是在自我重要期的發展過程中，我們感覺到從來沒有如此孤單過。一個重要人物往往是孤單的，當我們實踐了這過程，自然的又移向下一步。

第四步、意識聯合期（Integration）：第四個身體／脈輪／頻率。

我們意識的發展自然地來到了這一步，稱為「社交聯合期」。我們加入了一些抽象的態勢裡，我們成了某團隊的一員，成了新聞工作者，成了生意人，成了運動員，成為跟他人一樣，有一致的想法。不管有無意義，就是成了與其他人相同的意識型態。

這就是到了第四步的「意識聯合期」。但是與其他步驟相同的，我們一樣會失去成為團隊一員的樂趣。這是一個典型的衝動，讓許多人成為組織或團體的一員，或者參加靈修的社區當個門徒，很多人經歷無法適應的世俗生活而選擇加入了門徒，可以跟其他人坐著靜心，穿一樣的袍子，跟著一樣的引導。

像這樣的系統非常地放鬆，只是成為跟別人一樣的、加入同樣的能量，成為社團的一員。在同樣的組織做同樣的事，允許自己協調、與別人同步。這是第四步再次的一半緊張，緊張成了第三步的一半，成了「768」。

第五步、自我抗拒期（Self-denial）：第五個身體／脈輪／頻率。

如此的我們又到了覺得無趣的時候，一樣的事我們做了一遍又一遍，直到想著放棄算了。此時意識的第五步升起，我們想放掉一切的事情，想找一個草看起來更綠的地方，試著想去那試試看。

許多人成為門徒想從這途徑試試不同的經驗，他們不是做了太多結合社會的事，而是從他們做過的地方逃避。成為門徒只是想了結不同的追尋，然而卻總是提起當年勇，這樣的行徑稱為「自我抗拒期」，也就是「384」的層次。

我們幾乎總是改變地方，在第五步我們試著改寫新地址，我們無數次地做改變，我們也許移居到羅馬，入境隨俗。也許移居到紐約想融入那兒的文化。我們也許移居到倫敦，我們一直的嘗試著。

結果是我們覺悟到，每次的旅程到頭來總是提著一樣的行李。旅行箱裡裝著我們的日常衣物，我們保持攜帶我們個性化的用品，所以說事情並沒有真正的改變。我們只是在不同的城市活著一樣的性格，而內在毫無改變。

所以內在沒有改變的癥結，還是無可避免地製造一些麻煩。就像每次在旅程的起點。曾經有過的問題，不管是什麼，我們發現無論去哪裡，麻煩一樣圍繞著我們。我們察覺到了這個事實，最後在某個點上我們失去了再去任何想去的地方的動力，然後意識移向了下一步。

第六步、自我毀滅期（Self-destruction）：第六個身體／脈輪／頻率。

到了第六步，正是西藏教義稱為最具吉兆的時刻。到了這個時候我們真正有機會去改變內在，因為光是改變外在是不夠的。毫無疑問的必須要為自己做些事了，否則到了第六步，我們移向了「自我毀滅期」，意識裡只想死了算了。我們覺得累了，也似乎進行慢性自殺般的了無生趣。

這時真的有可能為自我做些事了，在這之前所有的作為，好像是前戲罷了，是真正主秀前的準備工作而已。在第六步，我們覺得自己面目可憎，一無是處。想做什麼事只是為了試著改變我們目前正在經歷的事。

在「192」的層次裡處於「自我毀滅期」。只有一個重點，是否願意去面對自己，去面對我們深信的自以為是？這時候我們攀附了蛻變的可能，或是就此墮落了。

Dheeraj說：「我的人生幾乎大部分的時間都處於第六步裡，沉迷於酗酒或是任何可到手的毒品，所以說到墮落，我是一個真正足以現身說法的過來人。」

來到了這個點上，我們所做過的錯失，試著挑釁我們的感知，試著欺騙自己，用一些有毒的代用品來想解放憎恨的感覺，緩和苛毒殘酷強加在自己或是接近我們的人的緊張。

殘酷行為或刻薄言語與自殺不是兩件不相干的事，只是一前一後的區塊。有些人殘酷地對待別人，有些人殘酷地對待自己。

在第六步變得如此的魂不守舍，情感窒息，無解的心理問題。不得不真的著手改變一向機械式的感受模式，來減少自我緊張的壓迫。假如幸運的話，在面臨死亡之前，我們可以戒酒、戒毒品，做一些內在的覺醒來幫助改變，那麼我們當是準備蛻變了。

第七步、蛻變期（Transformation）第七個身體／輪脈／頻率。

第七步是「蛻變期」，我們不再理會自我（Ego）的催促，那積習已久的憎恨，或守在那隨時觸雷的憤怒，這就是蛻變的道行。我們繼續的這樣的琢磨，這樣的敲擊，沖蝕頭腦裡的塵囂，消弭心中定論的憎恨，粉碎丹田塊塊壘壘的忿怒，直到每個途徑都能即時進入觀照者的境界。

假如我的情緒是成熟的，我們成了心的觀照者。假如我們的思想是成熟的，我們成了頭腦的觀照者。假如我們的憤怒融化了，我們成了丹田的觀照者。當這三個中心是連結的，我們洞悉我們的動機，處於心的溫馨，嚐到無念的片刻，那時、極有可能成為整個存在運行的連鎖，覺知到我們自己也是如此的存在著。

這就是自我體悟，是觀照的過程，也是師父們一再而再提醒我們成為觀照者的途徑。知悉觀照者可以相應我們意願覺醒滿懷的熱情，也可以說「這就是了」。自我的覺醒，我們可以稱為「這就是了」。變得越來越覺知到那般的與這就是的根本是一體的。透過實踐成觀照者的整個過程，我們變成全然覺知而熱情的一個生命共同體。

這就是了，這就是了，
求道的實踐。
那兒已無事更甚於求道的了。
隨著我們的已是所有的了，
而所有的了也已經是圍繞著我們了。
我們存在在一個瞭解而熱情的覺知裡，下次火車靠站時，提起行囊下車吧！

第七章
活力的七步曲

（譯自 Dheeraj 的講義——卵巢與睪丸）

第一步：

在進退兩難的世界裡，
覆蓋的是我們的幻覺，
造成我們與真實的原創性有所距離。
相信，是我們的呢喃，相信吧！
呢喃的是我們的相信，
而幻覺總是如此的護著我們的相信。
讓世界落入一個海市蜃樓的幻覺裡，以便
支持我們的恐懼，
我們的憎恨，

我們的憤怒。

現在，我們提供一個加速探索我們原創性的過程，以便觸及卵巢和睪丸的生物電流循環。這個器官主要負責生命的再生力，我們必須仔細的反觀自己，必須反觀跨過時間的虛假，蒞臨意識的產生。因為我們不是第一次存在在這時空裡。

是的！這是一個連續性、持續著生命的輪迴。從每一世生命經歷的不同，包括靈魂的需要。每一個個體靈魂由內外顯在我們的身體，如同一個電氣系統，亦所謂的神經系統。我們生存的意圖，靈魂與身體的結合，必須透過父母親發生的性行為。

我們的父親壓縮他生命的歷練，使力將丹田的力量送到精液裡。我們的母親則是將肉體元素的本質壓縮到她子宮裡的一個卵子。父親高度動機的精液，如直流電的行動力，扭擺非常急速，積極地靠近珍貴的卵子，趁隙穿透。在非常幸運吉祥的片刻，一個個體的靜電參與了父親的直流電的力道，溶入了母親珍貴的卵子裡，即時的靈魂投身在父親的動力、母親的磁力。

這事曾經記錄在鏡頭裡，當精子穿透卵子時，眼見閃電及白光發生了。那立即的視覺見一道明顯的白光閃過，從這一刻起，意識存在三種電流的交集，由父親的直流電，以及圍繞在母親子宮的磁電，再融合保護新的魂魄在初入人間的靜電能量場，這三種電流的會合，就會製造出帶著白光的閃電。

這熾熱的光亮的另一個名稱為生命力或是活力的。均衡相容的電流形成亮光，能把電流能量轉成亮光的，即稱之為生命力或活力的。

我們的個體是累積而來的生命智慧，透過我們從一個身體到另一個身體的熱情和覺知。當死亡發生時進入到宇宙的空無，相當於磁電的部分，變得自由而脫離情緒的繂絆，相當於直流電的部分，變得自由而脫離動力的督促，然後才重新進入新母親的子宮裡。就像她的卵子溶化自父親的丹田所送進來的精子，再一次三者合一，再一次重組人形。

從此成為個體的。個體的意思是不能分割的，也不是虛無的。開始行使母親的卵子，以及父親的精子的力量，從而形成肉身狀，這般肉身的形成，有一點像是擠進不是很乾，但又有些滑溜，而且非常緊實的膠狀物質裡，提供個體一個身體，必須要一切都非常的吻合。這不是一次就可以完成的任務，能量需要被執行，這貢獻來自於父親，他的行動力，他的直流電。

從現在開始，個體開始築起自己的神經系統，介入一個易於收發的機械作用。意識的原力在身體及可供使用的肉體屬性，專注的使力，此時之前、生物電能已經進駐，個體開始利用父親的精子的電流刺激母親的卵子的發展，配合導入自己的身體模型，三者合一，同步進行。

因為種子展開的過程中互相影響的能量，發展出一個明顯、有區別的感知機制，趨身於操作在正、負電之間。同樣的電流充斥，演變成我們性慾功能的基本架式，不管何時一些不平衡的起因，發生在成長期的胎兒的感知機制時，來自父親的貢獻的效益是釋放直流電去刺激肉體發展的區域，為什麼？

不管何時一個區塊功能不良，不再與身體的其他區塊同時發展，在這個點上，磁電產生退化的現象，減緩肉體的成長。

這是負向磁電的感覺，這是以後在生活中認為是忍受痛苦的，呼喚感知機制的援助，來回應這樣的忍受痛苦及負向的磁電充斥。這樣的傳達變成有效的由父親的效益貢獻朝向釋放這樣的負電充斥。結果是中和了這樣的負電充斥。然後製造了我們所知道的「覺得快樂的感覺」。

我們性慾的產生過程，確實相符於電氣與感知學理的過程，雖然在生命的創造，性慾是產自我們用來發展感知作用的工具，讓生命力促進我們身體完整的綻放。生命力生物電能的源頭，這也是我們性慾早期感知的堅持。

出自這樣的經驗，我們整體的路徑繼續相關的事開始形成。這特質另外的名字稱為「個性」。出自我們性慾的本質塑造身體，我們發展出「個性」來。爾後，當性能量投射在我們周遭的社會，「個性」會漸漸以面具裝飾，面具的設計是用來掩飾我們性慾的需要。

「個性」塑自第一個性慾的經驗，稍後變成服務能量的連結。來自子宮的隱私性，轉而變成在世界裡公開化。「性格」變成是處於我們原始意識及投射於社會之間的牆。形成身體的經驗如同胎兒在子宮裡的發展，向媽媽溝通來考量我們身體的需要。爾後投射這樣的經驗在社會是為了照顧我們身體在未來增大時的所需。

處於子宮內，我們第一步的發展，集合所有的三大元素，進入一個獨特的意識裡。我們的存在非常像一個星球裡的一朵花繼續的被滋養。我們成長的型態從一個初始的球狀到一個煞費苦心、精心製作隨之展開的感知機制。

然後我們的存在融入了母親池塘般的子宮，我們經歷植物般的狀態到動物般的領域，經驗小魚般的生活，像是小小的水中生物，浮游其中。雖然是在我們肉身母親球狀的子宮裡，其實也經驗整個生命在地球媽媽球狀水汪汪的生命體上的發展史。

整個生命的歷史發生在我們地球媽媽千百萬年的已發展的經驗，不斷的傳遞給我們。我們是植物、是魚、是蟲、是老虎等等……所有可能的植物，所有可能的生物，所有生命形態變成每一個人類的生命經驗。所有在地球曾經有過的成為人類意識的一部分。

尊敬與滋養及所有來自我們地球媽媽身上珍貴的生命型態，讓我們可以瞭解我們是活在這麼尊貴成為實體的人身，而且是我們親愛的地球媽媽的孩子。活著這麼的尊貴是活在「三摩地」（Samadhi）的境界裡，也就是單純與我們地球媽媽的所有生物和諧共識。

當我們內含的平衡被一個成形的受苦經驗摧殘，我們下意識地開始尋找一個可以中和負面緊張的方式。性慾成為早期的考量，再一次的感覺負面情緒時，我們覺得很過癮的是有機會讓有關受苦的感覺停止了。

到了這裡，進入了困惑的迷途。這裡來了一個幻覺，從受苦到滿足，是愛嗎？不是的！那是性格的一部分，是情緒呀！E-motion（情－緒）意思是動作。能量必須去取得我們想要的，去滿足我們的需要，去中和我們的緊張。情緒是一個主動的尋求，一個正向到負向的移動。在生生不息的生命裡，情緒是一個向外的尋求，導致我們尋找身體外在的某事來滿足身體內在所經驗的緊張。

有件事是這麼的痛，
讓我們真想哭，但這不是愛！
有件事覺得真好，　讓我們真想哭，但這不是愛！

第二步：

當靈魂進入了新的身體，在顯化的肉身裡適應著第一個存在的問題；肉身的存在是有所求的，不同於靈魂的無所求，肉身需要營養來維持生存。

在母親的子宮裡由無形到有形，隨著第一個難以適應的不適的第一個飢餓的感覺，開始了第一個負面的感知。身體神經系統營造一個負向電流，隨著這樣的過程，我們的感知來到了生命裡。在這之前，一切就像是一個夢一樣。突然的這些負面的感覺，我們移向所謂的夢醒時分，突然間覺知甦醒了。

因為負面的感知，我們變得覺知，觀照者誕生了，觀照者開始觀照了。

無需知道，無需瞭解，我們觀照負面的感知，往外升起，變成溝通我們的需要，然後有另一個的回應了過來，在觀照中我們察覺用特定的方式把某事送出去，我們看不到的另一個也會以特定的方式送回來，我們確定一定是去了某處，也確定會回過來是因為有另一個某人。

我們的需要相當真實的在子宮裡發生著，我們的神經系統變得堅決的印製這早期溝通的模式，我們稱之為情緒的。我們自然地接受這樣的情緒，如同某事在自己與執著著我們的另一個之間的傳遞。這是我們的第一個發展我們活力功能的方式，當我們飢餓，我們收到營養，給我們活力的感知。

然後我們出生了，一切事情突然的顛覆，溝通管道的連結本能地被切斷了，綁緊打個結，不久退化成一個小小的傷痕，一樣的感知又來了，但是轉到一個新的、更快速的路徑。我們經驗到肉體裡面的痛及強烈的感覺，現在這個負面的印象築起一個個人式的創作表達，負面印象變成一個表達，呀～呀～呀～ 我的另一個在哪裡呢？不再有人來聆聽我的麻煩了嗎？

現在的另一個必須用不同的方式聯絡了。再一次我們表達我們內在負面的感知，期待有人會奇蹟式地即時出現。我們被回應了，被餵飽了，然後我們負面的表達中和了。但是有時沒有人即時出現，而同樣的感知一波波湧上來，這些時候的痛，製造另一個內在的反射，害怕產生了，害怕另一個不再回應。害怕也許不再會有另一個了，害怕變成孤單了。早期的情緒恐懼，其實是孤單的，是害怕的。

這是微妙的開始，開始圍繞我們的心。我們相信要保護我們的心，頭腦的害怕介入而且覆蓋心的功能，把愛轉成進入兩極化手段的設備，意味愛是要有條件的。這兒意識的制約嵌入心的四周，愛成了營養的對象，內在的心成了卵巢與睪丸的奴隸。外在世界的我們變得奴性於把我們自己執著於另一個，執著於有誰可以保證聽到我們的牢騷和不滿，有人可以傾聽我們的傷感或恐懼，有人會同意我們不能讓別人知道的內在黑暗。

獲得這樣的另一個，我們幼小時候的感覺是營養的保證。假如那個另一個會傾聽我們，那應該也會回應我們。我們感覺唯有擁有這樣的另一個，那麼我們保證了我們的需要，我們的營養，擁有這樣的想法讓頭腦覺得好棒。

就是這樣深深的牢記著這樣的想法，當突然那兒有個奇怪的代謝不良產生，我們開始胖了起來，我們得忍受痛苦，我們害怕，害怕沒有人回應我們的需要，製造了一個早期叛逆的情緒。害怕沒人回應的恐懼開始創出了肥胖與水腫，害怕成為孤單是我們意識活力發展的第二步。

這個層次的神經系統受到傷害會創出巨大的問題，那個傷害存在多久就影響多久。我們變得百分百地執著另一個，為了執著於另一個的，我們放棄許許多多愛的可能，我們放棄實踐人生的自由：記得哦！我只跟我的甜心在一起，別指望我會愛你的。

社會知道取得這個早期恐懼的報復目的，提供我們愛的伴侶，提供經濟的支援、政治的支援，支持我們選擇肉體的存在，我們奴化於社會取代的愛。我們認同我們的鄰居、我們的學校、我們的遊戲、我們的宗教、我們的國家，所有社會化的幻覺，害怕我們會變成孤單的，沒有了另一個的恐懼，有利於社會的擴張。

但是，當知道了有關這些的恐懼是因為我們堅信有另一個存在的關係，我們選擇了我們想要的另一個，而另一個不是另一個，另一個是那個我們不允許成為的那一個自己的那一個部分的印象，看看這些執著於你的誰，看看自己的優越感，誰都不比你自己更期待像是另一個了。

第三步：

首先我們進入一個非常親密的環境，只跟我們的另一個，我們的媽媽分享。然後出生的驚嚇，我們帶著僅有的瞭解來到了外在的世界，來到的公眾場所，移向了社會，打擾了我們擁有的內在親密的經驗。

外在世界的我們，第一個找到的是我們的家庭。然後透過學校我們移向一個同輩的世界，執著於另一個，大都是同性別的，有了許多的夥伴、許多的朋友，保持著都是同性別的，發展我們神經系統所既有的，表現自己就是一個孩子樣。

也許我們有個非常親切而強壯的胃，因而發現自己很友善，直到這自我發展的觀點被其他人認出是一個很友善的那一個。每個人確認對你的觀點，因而發現自己非常的英勇，願意冒險犯難，爾後或許成為一個鋌而走險的人。我們也許會發現自己非常的穩定，讓其他人靠近，如同一個參考查證的對象，因為你總是那麼的有用，那麼的安分。

不管什麼質感或性情在我們早期童年的發展，我們社交的優雅變成認同社交的面具，我們變得認同我們同情心的面具。一個沉重的面具戴在一個常人的臉上，然後到了十二、十三歲，我們外在的移動突然停止了；我們外在的發展、外在社交的章節停止了。非常唐突的，我們再次轉入內在，存在玩弄這個詭計，所有的這一個突然。

男孩開始在奇怪的地方長毛，更奇怪的是發生在嗓音，不知怎的冒出來喲？到底是怎麼回事呢？女孩同樣的事發生，突然所有詭異的生物功能開始運作，沒有任何預警，妳必須非常小心地不要讓任何人知道。

青春期開始了，身體的生物功能再次朝內，生命整個發展被這突然的情勢震驚。女孩月經來潮，男孩生殖器勃起，突然一個巨大的空隙發生在男孩和女孩之間。特別是針對女孩或是針對男孩的，絕對的祕密也絕對不敢說出來的。

我們進入了第三步、第三輪脈、第三身體，第三階段卵巢與睪丸的發展期。我們變得全然地兩極化，外在是又高又大的模樣，擺著沒人可欺負我，內在怕得要命，喊著：「媽咪啊！有人要打我！」截然地兩極化。

還有個巨大的吸引，巨大的吸引力發生了。總是藏在裡面不敢去張揚，否則揶揄的曲調裝在不同的語言裡，曲子在南非、在臺灣、在柏林、在東京的意思是同一件事。是社會壓抑我們意識的兩極化，從中引發了某事而發生在我們所有人的身上。

這發生在每一個我們的身上，突然的我們有個正式的介紹，我們自有的小小的性別，從此變成一個真正的夥伴，有人引導和一旁鼓勵著。同時我們經驗了遇到另一個性別，不再是抽象的，而是一個實例的吸引。同時是個嚴肅的時候了，假如我們能夠聰明的去做的話，什麼是我們可以跟另一個一起去做的呢？

突然地變成男孩或女孩，是整個社會存在的客觀現象。可能也有另外的一個發展是能在房門鎖著的背後，或在一個沒有人可以逮到我們的私密空間，我們可以和另一個來個小約會。這是私下的願望實踐和另一個在一起的不可思議的慾望。

我記得當我單身時，我帶著某女明星的照片到處旅行，只要想到她，突然間「哇！勃起！」

這變成一個聰明的發展，只要用手就可以運作了，當沒人注意時就可以進行。所以我們發展了一個新的動感，另一個的概念，新的性格發展，一個新的極化作用，很快地我們學會了手淫。

第三步的性慾發展叫手淫。我們的意識極化著我們的神經系統，在頭腦有關的另一個電影銀幕，在黑暗中拉扯我們的生殖器是對自己的感覺，我們從不知感覺另一個的感覺是我們自己創造出來的、能量式的、行動式的，全是我們的頭腦的創作。

我們從未看穿我們就是那個另一個。取自另一個人類的形態，但形態的產生來自於我們的內在，而且塑造的模式考量端看我們性格的發展模式。我們在手淫裡極化我們自己，我們開始去塑造我們的個性去吸引透過同等模式的一樣的極化組合。不管如何、我們壓抑我們被吸引的，則成立了決心對立的吸引模式，築起及固定我們性慾的祕密花園。

所以極化變得更是極化，似乎每一件事情我們公開承認的，私底下卻是謊言。每件事我們知道是真實的隱私，卻不敢公開的講，我們的感知竟然是分歧的。我們要小心我們所說的話，假如我們曾經承認的話，別人從未忘記。

雖然社會繼續進行，用鍊子把我們的兩極意識綁在一起，限制我們不能承認，威脅我們，不允許我們去做。意識開始運作兩個層次，像個電影或電視螢幕，或是書的一頁，我們傾向出現一些片段，補償所有對我們性慾的不舒服感。

我們也許僅花上三十秒的性高潮，卻付出我們二十三小時五十九分鐘半的相對時間及受騙的自己。不管如何，也許一天做上兩三次，幾乎只是兩分鐘，真的是值得嗎？

我們變得特別的敏感人家的說詞，耳朵也跟著變得敏感這樣的感受。在古譚崔手稿如 Kama Sutra，花了很多篇幅描述如何利用耳朵的敏感來挑逗感官的享樂，為何聽了那話兒就挑起了情慾，像聽到有人說：「告訴我你要，說你要嘛！」

事實上耳朵是卵巢和睪丸的外顯天線，這只是個小小的祕密。如果你還不知道的話，或是一個難以理解的祕密，看一下某人的耳朵。小子！假如你想知道的話，注意一下她的耳朵是否紅著的。是否好奇為何那些女孩老是留著長髮，因為那小小可愛的耳朵經常是熱的，她們不敢讓別人知道。同樣的事在男孩身上，假如你想知道怎麼回事，當她來到你身邊，你必須注意她的耳朵，如果是紅的，請約她吃晚餐吧！

第四步：

活力在第四步的發展中運作如同脈動一樣一進一出。我們幻覺的發展來到了一個頂峰，在一個脈衝打擊的同一個點上，那些幻覺開始崩解，那些我們進去卻出不來的，幻覺開始崩解，這可以是一生非常毀滅性的經驗，也可以是非常創造性的時候。

在第四步我們探索我們的性慾，我們開始發展必須的兩極化，移向多樣化的模式去尋找有些事，我們不是真的知道，直到我們可以找到為止。在同一個點上，我們連結到某人，誰可以實踐我們確認的情緒模式，如同一樣的具有他們既有的，像鳴奏在子宮裡的樂音。

對男孩來說，他取得女人的模式來自他的媽媽，當他遇到能實踐他原始情緒的人，一些細微的不合常理的模式。也許她有些困惑，他必須去粉飾，並清楚她也許有些小小的不安全感，他需要再三的向她保證，所有這些多面化情緒曲線模式，正合乎他原始取得的模式。

對女孩來說，她找到了媽媽的夢想，有時甚至是爸爸的。她尋找一個可以實踐她媽媽一樣是她自己情勢模式的人。當她在子宮內，母親曾有的經驗創造出她的情緒，並認定有人可以實踐的想法，經常這個人就像父親一樣，雖然可能是父親隱藏的一面，總是驚訝的，她還會下盡工夫的帶出她父親做不到的那部分，讓父親高興她有這麼一個男人。

所以有個至上的挑戰是實踐女人情緒的需要，兩人進入親密關係抱著全然的幻覺。她墮入情網，你是張先生，但是她交往的是她爸爸李先生，開始這樣的一個點，如何有可能到達？

因為他交往的是林小姐，可是他想著她是他的媽媽王女士，他的內心滿懷嘗試讓王女士高興，她想著讓李先生看到他的最高標準，這樣的兩人的自我（Ego）都為了他們的另一個而交往在一起。不過這不是為了其他人而是為了自己，因為他們關係的原始經驗另一個的模式，已印在自己的神經系統而不是在其他的個體。

這樣的關係營造出來的能量，最不可接受的是配以行動的制約，一個吸引的異性制約。透過兩人的互動，才有一個現有的結果。伴侶兩人各自試著重建另一個個體，進入各自自有的個人性需要的感知裡。同時他們得運作外在的需要去適應社會成為被尊重的，去達成他們聯想的一個身分和別人看待的眼光，使得這任務加倍的不可能。

幸運的，每一個文化需要標準角色。假如他們屈身或塑造他們夠遠時間夠緊湊，也許無從體會他們的狀況，自我這麼的決然，頭腦獲得未必真實的命運操縱，所有這樣的尋求，達到了目的。不過在這片刻有些情勢破損了，這片刻幻覺令人不安了，這也是所有人的機會再次創造。

非常稀少的個體能藉由這個機會的優勢，通常所發生的是出乎預料的。有一天我們幻覺的尖峰，沒預期的下午我們回家了，看到我們的靈魂伴侶，跟一些完全陌生的人有著歡樂時光，到處嘎吱到處撒野。他們負責讓我們從嚴格的親密關係中自由，但是我們感激嗎？我們感激這危機嗎？這些親愛的朋友無意中給我們自由，但是我們要繼續視而不見嗎？

不！我們的眼睛充血，我們轉身就走，不去感激給我們這絕佳的機會，我們以非常毀壞的眼光給這一個珍貴的機會，通常我們回過身再去找某人去試，絕對是同樣的事。

我們不認知，因為我們不能領悟什麼是愛。我們做的並不是那樣的，我們做的是內在的情緒。

我們和某人做某事老是要像我們的爸爸、我們的媽媽，卻不是我們正關係著的個體。我們不自覺地透過嘗試想重建相同的情緒。

情緒是個奇怪的性格特質，完成的自然，所有這星球的源流遵從同樣的規則。規格往上或往下，削細或弄高，或是摔破而平坦，在某個點上的親密關係，我們一起謀取從裡面去塑造那另一個進入我們的夢想。

在外在，我們讓文化傳統的夢想圍繞著我們，身在其中是對的。最新型的高級汽車，一個美好的小鎮洋房，有個鄉村別墅，一個美好的身分地位被大家尊敬。有一天我們看看四周，哈利路亞！每一件我們所有的事總是與我們所想的一樣。突然的，這是路的盡頭了。朋友！我們來到一個情緒的盲點，一個死胡同，因為我們所涉入的情緒過程是必須要重新洗牌了。

行動：達成那個在子宮裡一個飢餓者的開始。

吸引：那個去減緩製造痛苦的進行。

結果：我們傳遞情緒的制約。

現在那些制約必得切割，制約分為兩極化的。現在我們在吸引力的位置上，假如情緒繼續地進行，那是無法提升的。假如我們在夢想的情境行動，那是個往下的路徑。是吸引變得小於我們的行動力，執著於情緒只好開始下地獄了。在我們曾經緊迫優勢的尖端，我們被推呀擠呀，直到我們必須理解我們絕對要走的路。

我們有一年的假日在南太平洋小島上做了無數次的愛，所以下一年我們再去那小島上，但不再是同樣的情景，卻沒人想去承認，但是情緒還想帶我們去最高點，我們壓抑著談論，在不滿意中另一年又來臨，另一個受騙的旅程，一年不如一年。

雖然像騎馬，我們騎到頂端從未停止過，只是保持騎行直到被絆住，把我們再次拋擲到最底層，這就是情緒的自然功能。情緒運作在一個波動裡，這是波的季節，是莊稼式的收成，是絕對的自然，為何所有的師父建議進入超自然的意思。

從我們的情緒脫離，脫離情緒的鎖鍊，放掉自我重要期，從我們對物質身分地位的追逐，移入感知自己的存在。

感知所有生物擁有的脈動，
移入宇宙的寂靜，
進入靜心觀照，
盡情哭也盡情笑。

活力的每一步發展是讓我們改變活力注意的方向，開始內在的專注，然後可以步入外在的觀察。我們轉入青春期的神祕。在第四步移向整合我們在社會的生活，我們衝擠上到了頂，直到觸及頂端情緒的地獄，在這個點上的情緒執著轉入負面的，轉入背向的，開始移向從一個正向的行動到一個負面的吸引，讓我們留在地獄裡。

在我們神經系統的情緒改變的意義是巨大的，我們總是輸入正面能量餵養，現在突然出現兩極的，神經系統的運作變成有了缺點。通常是尋求更年輕的伴侶，男人找年輕的女孩，女人非常興趣去教導年輕的男人，這是不足為奇的方式，是從我們情緒的反向取得補償。我們與某人一同發展他或她的幻覺同步，我們參與類似意識形態的相似能量，只可惜從未生效。

我感覺最有趣的一個我們脈動屋裡發生過的故事，有一個十七、十八歲的年輕小伙子，在德國科隆的一個民宿，取悅我們一位女性團體帶領人，她最後建議他去隔壁房找另一位女團體帶領人睡，他說：「妳生我的氣是嗎？為什麼？」她說：「絕對不是，甜心！但是一連做了六次，我需要休息，而且隔壁房的朋友會很高興的，假如你現在就能去拜訪她的話。」他說：「妳怎麼知道呢？」她說：「因為今天下午她告訴我的。」他說：「好，不過記得我總是愛著妳的。」

這是年輕時暫時的調適和歡愉，因為他們可以要求一些經驗，包括一個溫柔的而不是在同輩中可得到的，一個對他們年輕能量的感激。

當有人進入第五步，開始經驗心理上的第一個困難，翻覆的情緒和能量的改變在神經系統開始反應出異常的怪異不定。女人正要享用美好時光，一些潮濕在她的皮膚上，她迎合而上輕輕挪移，他順勢貼身在背後黏纏，奇怪的剎那間所有的性慾消失了。偏偏有個濕漉漉呼吸急促的傢伙正壓在她身上推撞試圖佔據她，但所有她能感覺的是亂塞亂擠的不舒服感。

突然的，她進入了一個新的里程碑，她變得像個女演員：「喔！親愛的，這是多麼的美好喲！附帶的是你現在這樣衝，再過十五分鐘我可能要流血了。」

感覺的作用，潤滑劑的作用，假使所有這些曾有的，為了最簡單不過的理由，突然間開始不再作用了……對男人來說，問題開始在任何要開始的事之前，他有用他的手臂繞著她，她覺得開始溫暖了，他聞著她髮梢上的香味，她的可靠的男人的臂膀倒縮了一下。

嗨！男人你知道你為何在這裡的？怎麼啦？豎起來呀！這小傢伙整天沒事，該上陣了怎麼沒反應呢？悄悄的給它擠壓一下，嗨！你！嗨！工作時間到，表演時間了。但是為了某些奇怪的原因，整個系統不再如他所願般的敏感了。

他正在一個完美自然的發展中，能量在進行中的一個翻轉，代替一個行動。所有的似乎照著排練去做，何謂排練？那個你習以為常而做的任何事，現在卻等無人啦！

在這裡我們提供一個絕佳蛻變的機會，直到現在以前，蛻變不是真的可能。我們繼續的只是不知為何的回復到性慾裡。只要一次，我們的性慾開始功能不起，蛻變成為可能的，我們習以為常做愛的方式，在一個新的仔細觀察下詳細的檢查。假如我們足夠幸運的話，介入蛻變的工作，也許可以介紹一些我們做愛的新的模式。

舉個例：男人總有他一個客觀的、有力性高潮，這沒什麼錯，沒有男人需要抱怨的，但是現在有一個新的可能來到了生命裡，有了另一個方式來利用性高潮的能量了。

來到了生命的這個階段，Dheeraj 舉個例：「假如有人有肩膀的問題，痛楚而難堪。我可用手抓住抵著築起的能量，在一個點上，性高潮似乎不可避免的，然後只是停住片刻感覺脈動在我的手接觸對方不舒服的地方，突然的性高潮的能量流過我的手而不是透過生殖器，也因此領悟女性的生殖器是透過負面電流的運作。」

身體任何疼痛及不舒服的地方，譬如說一個疾病的區域，同樣運作著非常強烈的負面電流，把手接觸這區域讓正面電流帶來可能，運動而流經雙手，奇妙的是，此人生平第一次接受一個女性的性高潮能量透過男性的身體，一個深度的全然的放鬆，突然的能量又回來，開始再次幫浦，性高潮的潛力仍然在那裡，可以幫浦，然後停止並接受另一次的女性性高潮，然後 pumping up and pumping up……。

如此的，一個男人探觸了他原始早期的接受性，一個男人同時可以有多次的性高潮，並與親愛的朋友一起治療病痛，我探索了這個途徑後，全然的失去對普通性事的興趣，我到處找有嚴重病痛問題的人，幸運的話找到一個乳房腫瘤或壞了膝蓋的人。

這裡我們能清除所有的負電充斥，也許我們有著超過的性慾能量，大部分只是來自負電充斥發生在對我們自己的考量。相對的這兩極化的自然發展移向我們，但是負面的經驗變成代替一個全新生命的開口，一個新的做愛方式，以健康和親愛的伴侶蛻變一個自我認同，從兩極化的意識到發展是全然的。

不執著於自我從緊急的性高潮移開綁架我們的生物鏈，男人的解放無關於女人，女人不是奴化於男人，男人也不是奴化於女人，我們都是為了自己而做。透過對性高潮渴望的催促，性高潮沒有錯，但是在神經系統渴望為了製造一個兩極的境界。渴望是頭腦的性慾，假如能蛻變成服務的移向一個深刻的心的實踐，而不是讓心成為熱情的犧牲品。

在第四步，我們致力於一個非熱情的連結和某個能提醒我們，有關我們父母親的人，成為父母親想要我們成為的那種人。然後某事發生了，給了他們我們的所有，放大所有我們能有的能量做愛著。

然而在某個點上我們思索為何一樣難以契合呢？先是覺得忿怒，但是過後還是安於抱著一顆破碎的心。為何她可以如此的對待我？我為她做了那麼多的事。為何他違背我？我曾為他付出了那麼多。我們的心碎了，我們不想再去想這個人。我們把所有這個人的照片丟到垃圾桶燒掉，我們不想再聽到這個人的名字，或看到他們的臉，聽到任何有關他們的消息。我們關閉所有有關那個人的事件，我們壓抑到我們的神經系統，我猜那是的，只是有一點小問題，這同樣會發生在我們可能有過的最高、最被實踐的性慾經驗，壓抑不聽他們的名字，不看他們的照片，我們同樣壓抑跟這個人連結所經驗的能量。

自動化的，下次遇到某人有潛能帶我們經驗類似的經驗，我們變得無法容忍。我們在能量層次再次牽引我們的憎恨，對方根本不知道為什麼？只是一個氣味，一個聲音，一個他們行動的樣子，突然的敲擊到被壓制的警訊區，防止再次經驗的可能，做出絕對沒機會去治療那個心病的可能。

某個場合，我問一位道教師父，我們如何對待一顆破碎的心？他說那你如何對待一隻死貓呢？是的，牠曾經是一隻極好的寵物，帶給你美好的時光，但是你不會跟一隻死貓睡在一起，你也不會把牠放在餐桌上。你當然是把牠丟掉。我接著問那要如何丟掉呢？他說那就是你的工作，去找出來吧！而現在是我們的工作了。

去學習如何放鬆那個防止我們再次經驗高昂的活力經驗的負電充斥。一個非常正向非主流的方式是非生殖器的卻利用同樣的能量。我們的工作特別考量到觸及現今處理女性卵巢的問題，卵巢是非常細緻的器官，是自然的接受性，是全然超越男性頭腦的極化邏輯。卵巢沒有極化，除了害怕被傷害，害怕被嘲笑，或被不贊同的，她自己擁有的能量是正向流動的。

當無望的感覺產生，卵巢可以進入可怕的對立，就像女人的崩潰期。每個月女人受苦一次神經系統的崩潰，確切的是每一個月她整個的神經系統的極化圍繞在器官的是全然非極化的。

當一個男人面臨神經崩潰變成是非常危險的事，可能需要去醫院。可能有個意外造成可怕的毀滅，因為他的能量拋擲離他而去。另一邊女人每二十八天有一次神經崩潰，崩潰移向裡面卵巢的核心，神經崩潰不是大事，卵巢可以重建能量。卵巢在最悲傷時，最糟糕的狀況跳出來的是像個青春期小女生，開始吹口哨、嚼口香糖、吹泡泡……。

男人不懂這些，特別是那些同意在女人身上動手術的男人。他們忽視卵巢是有彈性、可伸縮的傾向，即使處於脆弱的來源，即使感覺衰微的崩潰，生命的能量還是可以即時的彈回來。卵巢是這麼的有接受性，固執不是她們的自然天性。

她們不是被固定的，
他們只是想跳舞，
她們只是想享樂，

她們想去感覺，
也想去被感覺。

所以需要的是透過移向卵巢的能量，她們絕對是完美的。子宮切除術及所有這類的外科手術切除子宮和卵巢，我甚至不想談及，太傷感了。因為這絕不是必須的，幾次的脈動甦醒器官的能量，喚起生命力，這是人類身體再生能力的源頭，身體的再生正是來自卵巢與睪丸。

另一件事是外科手術不瞭解女人的乳房，乳房的曲線是決定於卵巢。透過這個小小的腺體，小小的花朵像個光暈，乳房的外型曲線產生了，那是卵巢電氣化的服務。所以，再次有個誤解，普通功能失整的乳房，被定案為乳房腫瘤，對脈動來說，每一個腫瘤有個男人的名字掛在那兒；屬於女人有特別關係的那個仍然處於情緒未消的狀況，她還是維持跟那個男人交往時情緒的執著來防止乳房腫瘤的療癒。

所有的女人都必須讓她對男人的執著離去，再次一個新的男朋友總是有幫助的。所有她需做的是讓她對理想型男人的執著放掉，則腫瘤自然可消掉，就像一小塊冰塊在手中融化一樣。

這工作是革命性的，但是我們應當享受一點這樣的革新。希望大家瞭解透過乳房移動卵巢的能量，可以分享給妳們也許有個疼痛的乳房腫瘤，也許有些卵巢問題的朋友們。

對男性朋友如有一些性能力的問題，脈動非常有效。因為睪丸跟卵巢一樣地機警委婉，一樣地只要一些些對味的煽情，然後突然的一切狀況就改觀了。

所有我們需要的是能量，卵巢和睪丸是重建者。當重建者崩潰，我們就會開始覺得變老，所以我們需要的是移轉能量，透過卵巢，透過睪丸，然後變老的過程立即停止而逆轉。

活力是能量，不是肌肉，不是骨頭，所以對待能量的療癒，簡單的要求就是能量的介入。藉由能量的介入，移動能量透過這器官的運作，器官立即開始治療自己，即時而完美的。

第六步：

現在，我們複習一下活力的成長與發展。透過我們對另一個的感知，在子宮裡的每一個對需要的感受有了概念的火花。從活力循環到早期意識的模式，我們稱為觀照者。而觀照者爾後來自我們經驗的虛假肉體，那幻覺的，我們稱為另一個的。對一個曾經提供我們營養和絕對負責的，我們的感知，我們開始了一個抽象的概念，那個對另一個全然抽象性的概念。

然後我們從隱密的空間進入到公眾場所，我們在外面遇見另一個，模式像我們母親的，那個可以提供我們營養需要的。然後在青春期再次移向內在，我們升起了性慾。

走到第四，我們整合我們的活力配合社會的能量。我們繼續著這樣的整合，收穫我們的自尊和自豪，這裡的另一個，是那個可以跟我們分享得意和驕傲的人。

然後在第五步，轉回到內在。性慾開始功能不如往常，某種負電的充斥，那另一個的不再出現或不再是安穩的。現在的那另一個的是開始埋怨我們，及一個可以看到我們不為人知的失敗。我們不能再經驗的能量，為了補償變成興趣於代替品。化學製品代替我們需要的營養，化學製品代替不再有利於我們自我自豪得意的感受。

接著我們移向第六步，自我毀滅期，我們開始毀滅自己活力的源流。這變成一個個人化的性格，一個社會性的性格。到了這裡的第六步，我們需要往外，這性格稱為遊民，一個無家可歸的人。遊民不是偶發性或隨興發生的現象，而是有人顯現滯礙在活力發展的第六步，賠償我們生命力自然的任務。身體運作開始功能不整，我們不自覺的嘗試藥品，我們增加酒量的消耗，攝取咖啡、菸的刺激，甚至大麻或麻醉品。為了補償生命活力真正的任務，為了能再次盡情地感受我們的生活，我們陷於越來越常使用代替品。

一個自律的規範介入，警告不該誤用代替品。像似現在我們生命的極化，在我們社會的組織裡。我們發展一個負電充斥，抗拒那些負責我們安全維護及取得營養的社會。

老闆成了只是一個唯利是圖的商人，一個令你憎恨的另一個。對任何一個在高階位置的人，我們變成一個接受所有負電充斥的另一個。我們抓緊自己的拒絕，為了不知如何成為有能力的，也防止我們有能力營養自己，或是保持自己的健康。

所有這些憎恨自己的行為，讓社會轉向成拒絕我們的另一個。這麼多的憎恨直接抗拒他們，他們不得不疏遠我們，我們因而切斷任何社會的支持，我們失去我們的工作、我們的家；我們失去信用榮譽，所有這些社會提供的支持，變成令人疏遠的自我毀滅和造就我們成為社會邊緣的人。

在這層次的神經系統，我們用代替品去提供我們功能不整的性慾所阻撓的能量。我們繼續高度的刺激，因為神經傳遞被鎖住，高度刺激變得非常的負面。我們變得非常的怨恨，而盡量的使其惡化，然後為了能冷靜穩當，我們吸大痲，用痲醉品，正好是相反效果。誰讓我變得惡化？就是那些誰該營養我的。誰該是愛我的？誰該是關心我的？誰要我感覺自然的？

假如他們想探究我的祕密，我變得非常的多疑，非常的怨恨，因為他們告訴我不是正常的。他們想要我做的可能阻撓我下一次的享樂，我變得非常怨恨這些人。

這是在生命活力發展中的自我毀滅期，自我（Ego）全然俘虜生命活力的能量，絕對的非自然。不過，這只有當我們允許時才會發生，當自然的功能停止，我們不再以自然的方式接受營養，自我變得越來越失敗的感覺，可是又覺得非常的安全。

當我們幾乎是窒息的挫折於這繼續的失敗感，自我開始毀滅，投射失敗的負電充斥，讓自己去拒絕其他的人，特別是位於權威的人，那處於我們想或曾經有過的位置。但是，因為我們上癮的習性，不能接受被信任的必要。

在我們自我的感知，我們好像沒有什麼不好，我們變得越來越有侵略性朝向那些不被代替品鉤上的人；越來越怨恨朝向誰是掌握社會權威的人，或者能爭取優勢的人。在這個時間點，去蛻變自我的負面情緒，進入一個新的開啟，一個新的意識感。

在西藏脈動的傳統，第六步的自我毀滅，是個非常吉利的時刻。師父說：「只有在這個時刻，在這個點，蛻變才真正的可能。」只有自我費盡了一切的答案才有可能找到真的結果，這是蛻變，是黑暗中的蛻變。所有的負面，所有神經系統的負面充斥，有機會進入正面電流的流動。

西藏脈動的工作，正是精密而特殊的為此設計。在這個點上，當我們觸及了自我毀滅，我們有個選擇，我們可以移向一個新的、高覺知的生活途徑，我們也能讓自己只是簡單地進入死亡。

第七步：

生命活力的蛻變，是一個決然轉動幻覺的輪子。我記得自己大約花了二十年在酗酒，沉浸在似真非真的幻覺裡，來自一品脫強烈美好的威士忌。每天繼續著全然的執著這種幻覺的感知裡，直到領悟幾乎在某個死亡點上，我等到我的腳趾頭已經超過了邊緣，然後進入了靜心。我能射出這個酗酒感受的幻覺所掩蓋的殼，我的感知不再回去往常美好的夢幻時光，我移向一個瞭解。

突然的震驚到我的神經系統，從這麼多巨大的毒素變樣的感覺中缺席了，我開始去看，什麼是我經常想的真實，其實都是幻覺。全然是負電充斥的功能，抓住我的眼睛、我的鼻子、我的嘴巴、我的耳朵，在這不敏感的層次，選擇如此的運作，為了維持我的自我（Ego）的防衛系統。

活在深度的放鬆，我看到曾經總是考量的真實是幻覺的。藉此，我進入了一個新的生命旅程，生命自有探索，擁有無邊無際的報償，驚奇的能分享我的真實的只有我的身體，有效的、實際的分享。

很多人想，我是否瘋了?困難的是，我可以看出他們是偏執的，但是我很高興他們想著我是瘋了，這樣子我就可以保持不再跟他們為伍的自由了。

我們的感知填滿幻覺，那個會毀滅我們的幻覺，扯拉我們的成長和發展，透過靜心，蛻變是可能的。那個不斷叮嚀的聲音總是縈繞在心，蛻變進入宇宙混沌。所有的聲音歌唱著，串聯著每一個人的精神，呼喚朝前，從那個我們曾經那麼久、那麼害怕而藏匿的地方。

再次的，我們聽到神性的樂音，又再次的，進入我們覺醒的意識，不再藏匿在夢境裡。我們開始活在一個自然的善意裡，事情讓我們生氣，讓我們笑，事情帶來淚水，但不是悲傷，也許是慈悲，讓我們害怕的事情變成我們的妙語珠璣笑話中。

所以，當你來到了自我毀滅期，好像是神性的邊界，不會永久待在那裡，即使像我安排自己那麼多年的待在那裡，但是到了某個點上，我還是得跳了出來，或許你將跳進來，或許你直接跳上來，或許你是掉下來，或者你將學習如何地飛。選擇是你的，兩者之間你選擇其一，甚至你是不得不被選擇的。

我們的工作運作在身體分子的組成，不是給一些心理膚淺的改變，或者只是改善器官的電氣功能，而是深層深切的蛻變，直至落到分子的層次，隨即一個徹底的深度，是我們以前從未經歷過的。

現在我想分享一下，有關西藏傳統的一個著名的冶煉叫「坐冰」。經過多年的練習，選一個冰凍雪夜的午夜時分，一個人裸身坐在結冰的湖上。至少一位負責傳承的師父側立一旁，要做的事是幫他披上一條浸水濕透的毯子，他透過呼吸的功法，蘊釀出足夠的熱度把身上的毯子烘乾。然後再披上另一條濕毯子，直到七條披上的濕毯子全部都被烘乾為止。這通常要耗去幾個鐘頭的工夫，起身後，坐過的冰被融化的圓圈必須是均勻的，如果不是全圓或不對稱，則不能通過這項測試。然後、必須再練習數年後再做「坐冰」的測試，能通過的則被尊稱為仁波切。

一位仁波切是珍貴的珠寶，是一個特別光亮的養成。是一個活在純淨特殊的境界中，是愛的幅射及內在淨化的意識體。

多年的工作，我領悟到這樣的境界在現在有新的方式可以做到，我們不用再坐在冰上了。我曾無所事事的在蘇黎士待個幾天，突然的我的身體進入一個類似地震的節奏，非常的有韻律，非常深沉的脈動，而且覺得棒極了。所有之間不可置疑，感覺有狀況在我頭頂綻放，我覺得像電擊似的。進入非常深的靜心，我經歷的是從我神經系統釋放出來的負電充斥。假如我是在平常的意識層，我將接收到痛楚的感覺，而且一定是決然的劇痛，還好我持續維持在深度的靜心，內在保持去看、去感覺、嚐味和嗅聞，所有引起我淨化作用在神經系統的最後發生。

這是發生在我幾乎死於必須進醫院急救的疾病期間，我的脈動變得非常的強烈，卻因而經歷了內在自癒醫療的經驗。所有的痛楚、氣味、味覺相關連結的種種經驗，源源不斷的從我身體釋放出來。這樣的情況繼續了一、二、三、四、五、六、七天。

那些曾經發生在我身上最困難的事，例如當我十五歲做過的牙根治療，爾後做過的外科手術等等麻醉過後的痛被釋放了。所有深埋底層的麻醉被釋放了，所有的負電充斥，所有被神經系統抓住的負面經驗被釋放了出來。

在這七天之中，我無法動彈，只吃了些水果及喝了很多的水，那時當劇痛暫緩密集釋放時，我找到一個可以減輕痛苦的方式是泡熱水澡，每天泡了五、六次的熱水澡。想想！泡完熱水再躲在大被窩裡猛流汗，我注意到房子的窗戶濛上水氣，是從我身上冒出來的熱氣引起的。

在那釋放的過程中，我領悟到我們西藏脈動的意義。從這脈動的過程，我找到曾經發生在我身上的精準標的。神經系統如同金屬電線包著絕緣體，而絕緣體就好像我所有痛苦經驗而起的負電充斥。

曾經發生的釋放過程，就像是絕緣體從金屬線上被剝光，所有有生以來的負面經驗被清除，被我的感知自動的清除。我注視什麼被這過程點燃了，什麼是我可以了然的。可以這麼說，假如有一百公斤的緊張扛在我的身上，我像是釋放了五十一公斤，我的神經系統同時感覺釋放過半的緊張，整個神經系統回應了逆轉而外的一個新潮的整頓。

我看到我所經驗的，正是與西藏傳統的坐冰經驗相同，停留在我神經系統的負電充斥被溶化了，任何我覺得骯髒的、覺得痛苦的被中和了。現在好像看存檔的老電影重播，不管任何的愚蠢發生在我生命中，就像個被消磁的錄影帶。

突然的清晰，所有外在激怒我的事只是反射內在的我，沒有外在的問題，沒有外在的忍受痛苦。不管過去和未來，沒有任何可以害怕的事，這是在西藏脈動瑜珈必然的瞭解和結果。

當你行動時，允許你的覺知以最積極的運作卻帶著全然的放鬆，此時你是行動而不是做事，不需要為了行為緊張。行動在一個輕鬆的方式重建你的意識品質，好過於讓你賦予精神的鼓舞。

像個實境，你感覺內在的夢幻變成你可以感覺內在是甦醒的，或反之亦然。你能進入你的夢境如同你清醒時一樣有力，夢境和甦醒全然的互動，只是因為極化的意識保持它們成為分裂的。

無人可勉強你要蛻變，即使全宇宙也無能去改變你。
除非你個人的同意，沒有任何力量可以改變你。
所以你可以做很多選擇，你可以答應很多的同意。
你有很多的恐懼需要放下。
你有很多的受苦需要淡然。
你有很多的憤怒，很多憎恨無時的焚燒著你。
也要求著你丟掉，要求你同意放掉。
找到機會去信任，所有的選擇在你與仁波切的意識之間。
意識當在一個珍貴的美好如夢的地方。

第八章

外在價值的認知——綠波

當初在社區時，Dheeraj要我工作在某器官的脈點兩百次。毫不懷疑的就天天拼，拼到兩百次。這段過程看到有情緒的潰敗，有自我的抗拒，有心灰意冷的頹喪，可是不管怎樣就是練。對導師的信任給了我這把火，做足了，精神是我的。

我證實了脈動更深層的意義。能量如金可冶煉，生命本身是熱如火，愛與靜心就是冶煉的元素，信任打開了原以為無解的鎖！

回到臺灣跟朋友們分享這樣的經驗。有位朋友真的就設定十二指腸的脈動連續做足一百次。爾後朋友們確實看到他的改變，尤其是十二指腸的屬性特質最為明顯。

脈動器官的屬性是由二到三個器官串出主器官的電氣循環，有能力衍生四種電流塑造的性格要素。以十二指腸為例，代表慾望的舌在頭腦的靜電承載，代表處變不驚的十二指腸在心的磁電承載，代表活力的卵巢與睪丸在行動力的直流電承載，運作出外在價值金錢能量的豐盛與名利雙收擁有好評的榜樣……。

當然不是每個人只要做十二指腸的脈動就可日進斗金，而是在意識層面的撥雲見日，我們能夠運籌帷幄自己的能量，也許是借力使力，也許是放手一搏。不管如何，成之我幸，不成我命。能收能放，少了擔憂也少了焦慮，此時體會了富足的意義，金錢成了我們進出社會擺弄身影的好工具，遊戲中也多了些樂趣不是嗎？

早期回到臺灣，綠波的課上最多，遇到的學員很多是志在賺錢在社會上很打拼的青年才俊。一方面很佩服除了拼命工作又想求道的心，一方面也警惕自己要保住脈動的精神。

做脈動的外在效益只是過程，不能當作譁眾取寵的手段，沒有承諾，沒有崇拜，除了自己勤練別無他法。就這樣看著進進出出留不住的愛，也看著願意為自己負責堅持面對自我的朋友們一直彼此護航至今，我們的脈動屋依然健在！

《Man on His Nature》書中作者提到他想像人的腦部心智運作就像一部魔法織布機，一直織出各式各樣的花色也總是有道理可尋。所織出來的實際上就是具有意義的樣式，容許所有回憶、認知與動作裡的個人特質露出來。以脈動的瞭解，這樣的魔法是以大腦為首透過脊椎分連全身的神經系統架構讓生物電能發生傳導作用而來的功能。我們工作在神經系統內啟動傳導作用的生物電能，我們證實了療癒的力量增長了，蛻變發生了……。

著名的學者 William James 於 1892 年就說過：「我們這輩子所作所為均已定型，一切不過是習慣的總和。」我們每天下的決定看似深思熟慮，其實不然，而是習慣使然。雖然每一習慣的重要性很小，但是時日一久這些習慣對我們的身體健康、財務、人際關係都造成影響。以脈動人的瞭解，每一個習慣的養成隨之而來的是一個緊張，例如每天早上要喝杯咖啡，否則就覺得焦慮，每天要走同一條路，否則害怕會遲到等……。

脈動深知習慣跟著緊張，我們不是刻意改變習慣或是建立習慣，我們注意在身心的放鬆，在放鬆時像增強內在的亮，我們看到了習慣養成前的原因，察覺不再給習慣任何理由，讓神經系統內的脈衝不再強而有力的非要不可。在脈動的練習裡，深度放鬆自然放下頭腦，因為頭腦的忙碌正是緊張的來由……。

簡潔的介紹綠波四個器官在脈動裡的實證理解與功效：

擔憂與焦慮不安，其實是一種相信。讓神經系統模擬的記憶落在身體器官十二指腸的負電荷充斥，這樣的負面運作依附在對世間物質、金錢價值、名利事業的害怕失去。

物質世界的成住壞空是必然法則，任何東西我們都帶不走，除了個人的意識。如果害怕失去，我們只能帶著這樣的恐懼意識。越多人有恐懼的意識也越是佔據了人類的集體意識，也讓無名的恐懼越壯大。

所謂神的訊息，可以解讀為千百萬年來人類智慧的集體意識在虛空中遍布著，有人可以接收而善加利用，有人懵懂，有人斷章取義，有人漠視，有人好奇，不過大多數人都有不同的感覺、不同的解讀，畢竟我們多少都有參與過進化的過程，累積了無數的生活經驗，或多或少我們都擁有某些直覺力。

像大部分的自然療法，以善意的研究與應證，直覺地繼續修繕人類可能因一時的無知所造成根器的傷害或錯誤。也許有即時的效果，也可能只是發揮整合的作用，終究是為了在身心靈進化中做出貢獻。這樣運用有形、無形的能量輔佐療癒的發生，在脈動的瞭解裡，我們知道身體器官之一的胰臟無疑肩負如此的解碼能力。

可以經由自己的實證實修，運用在同體大悲的實踐裡，如原始部落的巫師們，如大多數的藝術家們，如印度神中的西瓦，同時擁有毀滅再創造的驚人力量。

當膽囊的膽汁充滿且頃囊而出的時候，我們經歷充滿希望的感覺；倒空後我們經歷失望的感覺，交替著依賴或獨立的自由或不自由感，或者說情緒的變化影響著膽汁的分泌。

我們身體的物理作用與情緒變化不是單行道，有絕對微妙的依存關係。膽囊能量喜歡一些刺激，得不到會覺得苦惱，甚而拒絕，這樣的能量屬性好像旅程中的旅客想著回家的路；或是滿懷希望想要整裝待發旅行去，去與回的模式，不斷的持續著。

吃得好睡得飽，工作不要太勞累，這樣的生活對大部分的人來說，生活是滿意，也是最實際的需求，因為一向在身體裡工作最多的肝臟這是最謙遜的互惠條件，否則沉重呀沉重，艱苦無人知。工作是為了生存能夠安穩無虞，工作是為了瞭解下一個完成，成家立業，生兒育女，要買房買車要存款，這樣無止休的鞭策來自於社會傳統種植的一個相信；要有安全感就要有穩定的生活，穩定的生活就要努力的工作，即使肝臟都累得無聲哀嚎，卻不敢歇息，免得愧疚與罪惡感撲面而來。

在西藏脈動的綠波，我們工作在十二指腸、膽囊、胰臟、肝臟四個身體器官的神經系統，藉由朋友們心脈的連結，正、負電荷自然交換產生的電能，靜心的品質是必須的，在同心共振的磁場裡，療癒發生了，不可思議的蛻變發生了……。

備受尊敬的靈性導師 Eckhart Tolle 說：「事實上從來沒有人透過否定或對抗身體或靈魂出體的經驗而開悟。」雖然這類經驗很迷人，讓人一瞥擺脫物質相的自由滋味，但終究要回到身體，因為轉化的過程是透過身體而發生的，在過程中，覺知是必須的。

他的書命名《當下的力量》，說明身體在當下，呼吸在當下，脈動在當下，要讓察覺就在當下，讓我們深沉的進入本體，內在轉化了！我們脈動的朋友們透過技巧的練習，經常性的體驗如此的境界，心中的亮緩緩亮起，大師的教誨是真的，是慈悲的，起而行吧！讓我們一起來瑜珈！

（註：「瑜珈」意指可以勤練而得到身心靈整合的技巧。）

第九章

親密關係的難題—紅波

脈動瑜珈的紅波七部曲，主要點出我們來到紅塵俗世，情字難逃，生如斯，死如斯！中間充滿了悲歡離合、喜怒哀樂，沒有了親密關係也沒了這一切的風花雪月、千里共嬋娟，或是前不見來人後不見歸路的淒迷……。

親密關係最強烈的牽連是父母子女，繼而則是為了親密的渴望及生物本能我們尋求關係的建立。我們的經驗很少看到在虹膜表示親密關係的位置是沒有記號的，與母親的、與自己的、與父親的、與伴侶的，標示在左右眼靠耳朵的位置。每個人都有不同的記號也記錄了不同的經驗，也衍生了日後不同的難題。

也許我們陷入了情義相逼、進退兩難的困境裡；也許我們陷入了深情變淡，濃意轉薄的無奈裡。脈動瑜珈紅波技巧的練習就是擦亮我們的覺知，拉開視野，一覽我們思維的起落，如何參與每一步的趨動，如何把自己拱近一個我們以為是被命運擺布卻是千真萬確親身策劃執行的精彩造化。

我們可以看到讓我們進退兩難的情感事件，是當初的認同與隨之而來的相信，情感的本質被抹煞了，而把副作用的相信留下了，也做大了。現在我們可以純然客觀的觀看當初事件發生時的全貌，不是個人的相信造成的感受而是對事件的真相的寬容。

例如做錯了事母親打了我們一巴掌，我們的感受是被驚嚇了，然後相信母親不愛我們了。其實母親也有她的相信，以為孩子做錯了是她沒有教導好的錯。對親人無設防的心靈因驚嚇產生認知的扭曲，日後對親密關係的建立常複製出相同的感受結果，以為傷害我是因為愛我，或是愛我的會傷害我。

紅波的主題我們工作在身體四個不同器官能量屬性的運作恢復應有的頻率與旋律，生命所有的正、負能量都有權利在生命歷程中做出表演。來來去去，無須逗留，親密關係因為相信而進退兩難，因為相信而面臨幻滅。

卵巢與睪丸的活力來自父親精子的直流電、母親卵子的磁電及自己個體靈識的靜電，匯集而成。生命來臨！及長情感的回應執著於某位能回應的人，深深恐懼處於單獨，因為在母親子宮裡無時無刻被回應而感覺我們不會是單獨的。

丹田是我們免疫系統的力量與潛能所在，是佛性的化身，智慧的本能。反應生氣是生存被威脅，或是得不到我們所要的。不過生氣太久不健康，健康的人不會生氣太久。我們試著表達以往所抓住的相信，以為大聲的表達被壓抑的憤怒就可以統御別人，叫別人聽你的，其實不然。反而是回擊在我們柔軟的心懷裡留下痛楚。

相信是心的幻覺。心就像水一樣是富有磁性的，水有能力蛻變自己。生命本身可以說就是愛的感覺來自能量的流動，心就像幫浦般鼓勵愛的流動。對於四周的人事物，與其敏感不如保持防禦的態度，如此而後我們感覺被擠乾不得不嚥下口水般難以訴說的苦，漸漸營造出微妙的自我。

小腸始於精神進入肉體的第一個展型，充滿了情感，情感是控制另一個人的利器，用來引起注意力，製造對方的同意否則報以侵略性或威脅。難以拒絕的情感變成非常有力的教誨，使孩子學得如何以甜蜜的撒嬌取得所想要的。母親給孩子甜食來控制局面也教會孩子以誘惑取得注意。

瞭解能量來去的本質，難題自然化解。親密關係是來到人間可借題發揮的基本要素，難不難真的操之在己，我們很難去論對錯，也很難獨善其身，因為親密關係是我們存活的基本條件，也是我們甜蜜幸福的見證。

在脈動多年的帶領，不少有趣的例子。最近的一例是有一位女學員，結婚多年，流產了兩次。三年前因為伴侶在外搞曖昧，慌亂之餘，讓她進入了脈動的學習。上完課一段時間她對我說決定放棄這種拉扯的關係，因為她的放下，使得伴侶警覺，因而回頭自清願意繼續經營兩人的婚姻關係。

前一陣子告訴朋友們她想懷孕生寶寶，殷勤的找醫生幫忙，後來也找上我。問她是真的想要小孩？還是只為了維繫婚姻？她說是為了自己當媽媽的渴望。奇怪的是她的肉體有當媽媽的模樣，但是沒有靈識隨身，為了她，我打破慣例，一對一的幫她進入紅波的學習。

最後一堂做完心的脈動，見一股靈氣鑽進她的肚臍，要她即時去找她覺得有功力的中醫師把脈。果然以前把不出來的胎息出現了，後來去婦產科檢查證實真的懷孕了。

必須聲明我不是醫師也不是巫師，只因精於西藏脈動的學習，瞭解身心靈諧和技巧的其一路徑。除了自己脈動朋友的需要會助上一臂之力，絕無意標榜。或者只能說我們不知道的不代表不存在，真正神奇的是生命的創造力，靈魂與肉體如此無懈可擊完美的結合，關係的建立，沒有愛行嗎？

第十章
自我認同的實現—藍波

比較宏觀的人，心中有一個小小的驚喜，內在的空間往往容許生命不同時期的自己都可以無礙的彼此打照面甚至深談互訴情衷。這樣的體驗，生命原來不孤單、不寂寞，外在的世界並非傳聞中的險惡嚴峻，因為我們從不需要單打獨鬥，我們有形、無形中有著無數志同道合的聯盟，所以殷勤自我實現、自我發展是理所當然的事。

生命意識的進化，無止盡的趨向真善美的知與覺。師父說：「少了覺知沒了亮，少了勇氣沒了力，生命的本質涵養覺知與勇氣。」善用這無價的本錢，揮霍在青春年少，雖千萬人吾亦獨往矣的豪情，一定要有，否則生命毫無意義。

這是脈動學習對藍波能量的詮釋，相當人類年齡十五到二十一歲，不過當我們體悟出意識是自由的，內心的年齡可以用在肉體任何的時期。實修的脈動行者很能體會生物電能在神經系統傳導順暢時，愛與自由的感覺就在當下發生。

比較世俗的一個常識，少年十五二十時，莽撞無禮，快控制不住的情色盪漾，時刻想出拳掄功的暴發力，得之痛快不得苦惱的滋味，真是忘不了的年少輕狂。在關係的建立時我們跟進所謂的自我重要期，孜孜風神非我莫屬的人生第三步曲。

女兒二十歲出頭時幫忙暑期輔導初、高中的學生，回來告訴我說：「青春期的學生真討厭，我以前也這麼令人討厭嗎？怎麼我都不知道？」還好她二十幾歲就知道了。因為不乏有人心理年齡依然杵在與肉體不符的年代裡，自得其樂最好，否則只能常嘆時不我予，英雄氣短。

我們的意識在整體宇宙裡並無分別，但是突然之間，因為負電荷的產生，我們經驗了分別，經驗了隔離，變成與身體的感受認同而形成與其他所有人、生物等有所分別。並且在受苦中崩潰，同時又經驗到全然的與其他人分別而你有你的獨特性的樂趣。

每次似乎有人瞭解了我們的每一個需要，可是沒多久又走上了同樣的點上。我們開始對對方設立條件，並附上自己疏忽不檢點或是心不在焉的態度，或讓對方覺得沒有辦法滿足我們，直到彼此又開始去尋找另一個伴侶。

這樣的心理與情緒模式，我們瞭解是陰道與陽具的神經系統負電充斥時的表達行徑，純然機械性的反應機制，總是「我！我！我！」的咕嚕聲不斷的迴響。我們需要一切是特殊的，並且厭惡規則的束縛。

師父說只有兩個理由，活著算有價值，一個是「覺知」，一個是「勇氣」。覺知是整體的概念，作用於內在和外在，作用於我們與環境是同時發生的，非常微妙。尤其關係到液體，覺得渴是副腎的責任，像是幾何學，解答需要及實踐什麼是缺的，那裡是需要的。

副腎上腺的能量是反對壞人，警察是主動面，受害者則是被動面，兩者都是顯現別人的壞；受害者只是隱藏另外一面，去吸引讓他憎恨的事。循環電荷是打開的狀態，老是有些貪心和急躁，想要及時的一次擁有。

在母親子宮內，我們浮動著，收受著球型的天堂之樂。長著長著，突然出生的過程，母親子宮的壓縮在我們的意識創出一個認同，我正在被壓迫，正在被拒絕，正在被傷害。這些負電荷的收集，公式化的形成認同的概念。

膀胱意識跟隨某人而得到保護的經驗，我們壓抑保護自己的能力，以便吸引由別人而來的保護。壓抑任何我們所渴望的來吸引別人的情感，裝傻來吸引別人的說法，聽別人的做筆記是在培育自己做個跟隨者，不允許訊息直接進入，不允許蛻變穿透你的盔甲。

腎臟是我們身體第一個解決問題者。負面的感覺透過腎臟反應輸送給母親而得到所需的紓解。這種投射出去的動作，我們負面的感覺溶解後，不久這經驗好像不是我們的而是外在所引起的問題，經過兩方對照產生相配的綜合結論形成所謂的瞭解。

背痛是個很糟糕的折磨，痛在脊椎是存在心理層次之前的一切感知，透過脊椎傳達到大腦。一樣的通路在負面形成驚嚇的點卻必須一再的碰觸。背部的緊張是因為腎臟的電荷循環不良，也有可能因性慾的問題。性能量的表達不是真誠的，會創出有關性慾巨大的困惑。

所謂的困惑，我個人有個有趣的經歷。年輕時愛跳舞的我經常飛到泰國曼谷的豪華狄斯可舞廳狂飆幾夜再飛回臺灣。只要在泰國對當地的女孩，我有強烈的傾慕，無可遏止的垂涎美色，直獻殷勤毫不自覺。可是回到臺灣這種雄性風格蕩然無存，馬上恢復我的女性特質，樂於男人的青睞。

所以對同性戀能夠身同感受，害怕性向不明被批評，害怕被性慾淹沒，害怕被家庭社會不容。在此必須說明，我們的生命來自父母雙方陰陽能量的會合，每個人的生命都是獨特而神聖的，靈魂是沒有男女之分的，男女性別的差異只是個很膚淺的認同，坦然接受荷爾蒙的彈指挑釁，人生豈非有趣多了。

當初在印度上完藍波回到臺灣，明顯的感受到自己的改變。以前開車上高速公路，只要看到大卡車，心裡就有莫名的害怕與恐懼，不自覺的把方向盤抓得緊緊的。後來跟大卡車並駕齊驅毫無威脅感，幾次下來，告訴自己一定要繼續學西藏脈動。

一旦神經系統經驗了負電充斥形成一個相信，即使物是人非還是鬼影幢幢，還好藍波救了我，回到臺灣也用藍波救了幾位不敢上高速公路的朋友，也用藍波重申男性再回雄風的封神榜，也讓男同志可以欣賞女性吸引力，繼而感受到原來自己是人類進展史更完美的第三性，一樣是神性的化身，一樣是存在的雕琢，只有更豐富的精神領域如菩薩導航。

第十一章

敏感性的內應外合—黃波

1995年普那脈動瑜珈屋出動數十組資深脈動人，在社區內為想參與黃波課程的朋友們先做諮商等課程期間，不瞭解為何要如此大費周章。

回到臺灣，隔了數年後才開第一次的黃波，參與的朋友們已接受多年的靜心課程，進到黃波來一樣是驚滔駭浪，屏息以待，聚精會神的走出七步曲，悄悄的彼此耳語，黃波真的是威力十足，想到會怕耶！

過了兩三年黃波也只上了三次，為了一位好友的補修又過了三年總算再次上陣，只是這次驚訝得換成是帶領人。課堂上安靜祥和，只有一次一位朋友保住黃波的傳統反應，有著戲劇性效果作用，爾後又傳來此起彼落均勻的酣睡聲。

我們只能意會，同個團體同門共修真是前人開路後人走，或者說意識的境界裡我們是一體的。意境的體會，經驗加上覺知，脈動無悔的提供如此的路徑，行行復行行，要為朋友們喝采的是內應外合的人生智慧。

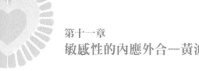

在脈動的學習系統裡，每個人都有特屬的器官能量屬性。紅波人在親密關係中遊走緣起緣滅的戲碼；綠波人在生命價值標示中旁觀；藍波人頂著嚴肅的生命議題發展自我；黃波人總是敏感的處於生命議題中；閃亮波人跨過嚴肅性凝視溝通之道；紫波人似乎在一步之遙窺見著生命的全部。

西藏脈動有著完整的學習系統，法脈相傳，與朋友共練技巧後，更是著重於自我的修持。不需跟隨特定的師父也無需跟隨特定的靈修團體，一旦深入，觀照與覺知以自己為師，體悟生命只能自己為自己負責。能夠深入一門完整的學習系統，確實有驚人的啟蒙作用，就是要自己走過意識的蛻變過程無人可代替的。

再偉大的師父也有自己的生死關，再深愛你的人也有自己的無常卡。工作在自己的身上，意願意識的蛻變，是千百年來的實證無私的叮嚀。有生之年為自己點亮一盞明燈，在必須放下一切時的片刻，我們留的就是這一生的體悟了。

早期，西藏脈動創始人 Dheeraj 在印度普那社區，用他的雙手幫助無數被疑難雜症纏身的人脫離困境，讓他非常鑽研在治病的效果。

有一天奧修師父把他叫到面前說：「治病是醫生的事，人類意識的蛻變可以移開生病前的原因，這才是你的工作。」Dheeraj 恍然大悟，不是他治好別人的病，是當事人的意識蛻變了。

當意識蛻變，身體的自癒力甦醒了，身心靈整合了。身心靈的整合先決條件是放掉緊張，放掉執著，放掉批評，一切讓心做主。因此Dheeraj將西藏脈動的技巧稱為「與心同謀」，讓身體在深度放鬆中能量自然轉化，療癒發生了，即使肉體真的無法逆轉時，一樣能樂觀進取。

黃波的四個器官屬性組合如下的吟唱：

生命是你，你是生命，生命的來臨，生命是成為來臨的。在兩個陰和陽，兩個不同本質的能量相遇，重新甦醒了你的新生命，父母做愛你來臨了……以前遺失的生命在兩人愛的閃光裡重新被喚醒。

脾臟形成，彼時爬出了床舖，來到了時間裡。能量展現，充滿了興奮，興奮會變成什麼？那般令人躍躍欲試，是時候了，哇！

為了自己的好，你必須學習好，我們創出了像神的人來監視我們。如果我們是好，祂使我們願望成真，我們學習必須對別人好。

我們學習去做面具，為了別人對我們的印象，我們創造出自我的想像，把能量放在想像，必須去否定一些自己的觀點。

神聖的簡單意義是成為全然的自己，不必由任何人取得。興趣於分享、接受及關懷。神聖是經由「胃」運作來維持，即所謂的「同理心」的感覺，外在的形象為「朋友」。「心」不會猜疑，是被「觸動」。「胃」給我們取得支撐的感覺，並且獲得物質本質的生存需求。「胃」透過小小的、懶懶的本能，它想去接觸。

因為無法看到自己，我們希望去看到那個看我們的人。我們是希望一些的注意力，不是太嚴肅的去提起，然後帶我們又回到熟悉的時空。

「胃」透過頭腦會去試著找到一些些注意力，在「丹田」它獲取物質需求，而當「心」飢渴時，只希望簡單的感覺和被感覺。

因為身體的需要，「胃」只是做表達的回應，去轉化負面緊張到再次的放鬆。使我們瞭解如何由內在的感覺到與外在世界的來往。

如此的幻覺從何而來呢？這樣的感覺好像那兒有人在那裡。在子宮裡我們傳出一個需要，再接受由臍帶而下一個釋放的感覺。透過這般管狀的組織所有身體的聯繫，所有訊息的傳出，所有物質的傳進，繼續了九個月，接著出生了，剪斷臍帶，造成一個突然性的轉移，所有在肚子上這個小洞所做的事都轉移到臉上的小洞來了。

所有內在的需要由喉嚨的盡頭透過特別聲音的頻率來表達，外在的回應由喉嚨進入，看看嘴巴裡面到底是怎麼回事？

誰是在喉嚨裡面相會？正是我們的生存系統。是非常根植的自我中心在那兒，這經驗是被叫出及回應的一種概念的發生。

悲痛來自於對自己的感受，那是感覺對自己抱歉，抱歉沒有拿到似乎是我們想要的。因而學習由丹田到大腦開啟喉嚨的表達模式。

你是誰？在你回答前，建議你的舌頭只能說出真實的、肯定你會的，假如你知道那兒是真的。你是活生生的，一定有什麼事什麼真實的東西跟著你。

真理是你身體每一個活的細胞，繼續完美的新陳代謝，全然的完美。為了你存在的完成，保持真實的完美。文化不真實的制約，我們被教導成生活在謊言裡，內在與外在總是分裂的。內在的困惑存於：什麼是我知道及什麼是必須做的。

真理內含一個特殊的訊息，你性慾的訊息，性的能量全然的升起而穿透你，慾望一個不像你，你卻總是想要成為的「那一個」。我們試著在集體意識成為一體，所有外在的遐思吸引去實踐慾望，我們的真實全然迷失，活在與營造中的印象交易。偶爾自問：「我是誰？我是誰？」

脾臟、胃、喉嚨、舌，黃波的四組能量屬性，工作在口腔內的脈點，讓朋友們最訝異的是哪來那麼多的黏液？牽長絲拉粉條似的，一次次的呸，呸出無盡的壓抑，無辜的情傷，卻又換來難以言喻的寧靜與清爽，令脈動朋友們真是又愛又怕呢！但是怕也是一股力量，讓意識找到突圍的機會，乘風破浪人生精彩！

第十二章

溝通的尊嚴管理—閃亮波

Dheeraj 創始西藏脈動時，腦海中浮湧一篇篇的詩詞，不得不落筆記錄下來。那種非思考非敲琢像是隨意打開一本書詳載資料般任其解讀，然後流暢的轉譯出來。

Dheeraj 拿著自認是自己的傑作，獻給當時亦師亦友的幾位西藏上師請益。其中的卡魯仁波切總是咯咯笑著說：「你在重整『卡狄阿塔』，哈！哈！哈！『卡狄阿塔』在人間已經存在五千年了。」

Dheeraj 花了十來年的時間，累積了九十六篇的詩文及向當時道教總會長學習易經而衍生的氣節能量與人體器官對應，調製出一本可觀的人類潛意識見解切剖觀點，解說人類在時間與空間的互動。

經過當時道教總會長的過目，聲稱這是一套古老的經書，他在中國修道院裡花了很長的時間學習過這個系統，而現在 Dheeraj 用英文重寫，真是摩登！

有一天 Dheeraj 遇見一位深懂虹膜學的朋友，彼此聊起切磋之下，將自己的眼睛幻燈片投影想聽朋友的論調；然後心血來潮將自己的資料應對在自己的眼睛投影片上，他說當下他快昏倒了，原來這就是卡魯仁波切說的「卡狄阿塔」。

人類意識形成時間、空間的感知就顯現在我們的眼睛裡，靈魂之窗真的是正如其實。有人說「學讀眼幹什麼？」就好像說「靜心幹什麼」一樣。學不學無可厚非，因為忘了來時路的，只好忘了。學讀眼不是一個學說，是應邀進入人類意識以智慧傳承的殿堂。我們不說為什麼，有的只有軌跡可尋，我們從當局者成了觀照者，這也是師父慈悲指出的路，靜心觀照是唯一的路。

當然西藏脈動不只是學讀眼，而是察覺工作在自己身上的重要性。讀眼好似前身走過的地圖，藉由技巧的練習，轉化路障，觀照成為可能的，否則靜心也可能成為最困擾的事。

脈動的朋友們都瞭解做完脈動後的寧靜。曾有朋友說打坐了十幾年才有那麼一次的無波紋界，一次脈動就把他送進一樣的感覺，太神奇了。不過也許太神奇了，卻讓自我卻步了。

所以 Dheeraj 一再強調技巧的練習不是加諸什麼法寶在我們身上而是察覺我們原有的亮罷了。不過他也常說人身難得，時間有限，妙法在身別荒廢了，親愛的朋友！

閃亮波在脈動詮釋為溝通，由我們身體的尾椎、肺臟、大腸、延腦四個能量屬性所主導，意指管理外在的形成與內在尊嚴的實踐。實踐脊椎底的生物電能，表彰個體狀態的力量，自我發生的知覺。正是你的靈魂移向一致性的，與母親的心、父親的丹田，這裝載意識存在的三個有關電的條件溝通完成。並且經驗溝通。溝通基本上是動作移向我們，是吸引或擊退的感覺，到了某個點上因而發展出了語言。

我們學習專注我們的意識在某個區域，用那區域的震動製造聲音的頻率，我們只要取得尾椎一個衝動的緊張，就可以做到學習減輕痛苦的緊張來改建我們的意識。

我們只想要單獨的，需要一些時間只是為自己來審查自己。看看鏡子裡的自己，研究只屬於自己的衝動如何升起，假如你未曾允許這樣的獨處就不可能走出尾椎的困窘。我們總是嘗試成為對的而沒留意到要求外面要做對，往往是裡面的你覺得是錯的。緊張的時刻是我們的慾望創出釋放與緊張的循環，從未停止。

肺臟的意識知道我們外表的形成與組織來自於壓力。壓力來自一個表面排斥另一個形狀表面，以時間爭取空間，從外表所接受的感知為了我們知道的空間能有所感知，外表與外表的觸感知覺，我們稱為壓力的。而壓力的感知我們透過肺來接收，這感覺爾後我們為了表達用喉嚨的聲音送出，這樣的基礎稱為溝通。

呼吸創造出我們取得印象的方式，由外進入，再由內往外。頭腦的操作在特別的頻率上，這頻率主導頭腦的自動機制，一旦習慣形成，我們開始機械化的創出答案去回答別人的問題，就好像抽菸一樣，習慣回答問題或問題的答案，都是一樣的緊張。

肺的能量發展是發現及彰顯我們的個體性，我們喜歡說出，在那兒我們都是唯一的，非常詩意的說法，最單純和最是真實的本質，當我們達到去看出那個讓我們如此獨特的彰顯，也發現我們都存有同樣結合的個體性，我們由點形成線。

在物質層面最偉大的力量叫「結盟」，人類社會存在於結盟，如此的創造出直流電。當磁電結盟可稱為人類的親密關係，而靜電連結產生的狀態是我們個人姿態往來於自己與社會之間，聯合成高層次時，我們探索宗教的，而所有這些物質層面的功能所形成的可能性均來自於大腸能量的瞭解。

我們學習的基礎來自合作的，我們稱為親密關係，一對一的，發生在大腸橫向的那一段。我們學習和別人和睦相處，首先必須誰先向誰共處，通常是攜帶最多數負面能量的人，必須與其和睦相處。在童年時期，通常指的是與父母相處，在親密關係行使的權力遊戲，往往是負面當家。

我們學習社交的協議，以社會組織的觀點，完成抽象的理論。基本上不是處在特別的需要或定規，而是我們同意的權衡之計。社會是建構在我們成熟的協議中，協議的同意基礎在評價。在組織裡我們要合作，就必須要同意，我們的意見創出價值來，我們學習屈服以便得到我們需要的。

頭腦是一種效應，是一種對發生了什麼的解釋說明，而不是源頭。我們精神的源頭躺在內在能量的中心，當那兒開始打開及移動。頭腦理解了能量的本身，能量就是能量，不在乎頭腦的解釋，延腦被真實的能量探觸，靜心打開了內在的中心。

第一輪能量我們問：「誰在裡面？」第二輪回答的問題在哪兒？這是關係到空間的感知，溝通起源到語言問問題，從問對方從哪兒來開始。親近的人就會問：「問題的原因到底是哪裡來？」通常連結到丹田而隱藏著生氣。問哪兒來自溝通的品質，以便聽出對方的聲音是何種空間的品質。（器官屬性的頻率）

發展第三輪的。位於肚臍的四周，這裡是我們直覺式的智力，代表潛意識。功能在找到消化與吸收的器官，知道物質的所在適應性，必須是對的是什麼？問題與答案是什麼？吸收的力量知道要什麼？什麼是重要的？

脈動在臺灣傳承了十年之餘，才在幾位有心精進的朋友要求下開起閃亮波與紫波的課程。為了開課我們做了一些不尋常的準備工作，有點麻煩，也是一直不願開課的原因之一，不過在熱心的朋友幫忙下達成了。最近又準備要開第二次了，也更順利了。

閃亮波在個人的脈動學習裡，卻是最貼近自我體悟的一段經驗，炫爛後的平靜，閃亮後的黑暗，難以言喻的神祕感，動也不動似的飄在不同時空裡，無邊無際。當時的男友是位優秀的音樂人，兩人相聚，敏銳的他，總說感覺我寧靜如鏡，毫無波痕。

那麼衷心脈動的練習不是沒有原因的，勤練閃亮波，輕易的看到自己由過去的習性走開，這樣的感覺又覺得太清楚因而自我想迴避，停在自我抗拒期。這時最好的方法就是持續練，突然一個相同的事件發生，發覺自己的身心狀況已經不再是以前的自己。十幾年來才開了兩次閃亮波，心情是很警覺的，人性使然，上不了坡再來也難。

最近有位學員分享了他的心得，以前看奧修書，什麼靠近花，香味撲鼻，什麼靠近流水，聽見水聲，什麼走近樹木，看見綠，好像廢話一樣。做了幾個月的脈動，再次翻開奧修書，一樣是簡單的話語，整個心是悸動的，整個人是歡愉的，他打開了心輪與師父的存在共鳴。

他說：「對呀！當下存在的一切就是如此單純美妙！我以前怎麼不知道呢？」老朋友看出他短短時間，身形氣色由濁轉清，覺得不可思議，自己不知是歡喜自己的悟，或只是單純的歡喜，不過也無所謂了。

他的分享讓我開心了好久，就是這麼簡單。用頭腦溝通容易陷入彼此較勁，用心溝通，可以用琴瑟和鳴形容嗎？還蠻貼切的。放開侷限，溝通確實是陰陽能量的和諧共振。溝通不只跟別人更是跟自己的敞開，一切都是這麼的自然，還有什麼好說的呢？此時真的是無言勝有言了。

第十三章

無分別的內在教育—紫波

2012 年 7 月 27 日初晚，近十億人的觀賞下，倫敦奧運會開幕了。幾位年輕的運動選手一起點燃 105 個油缽代表 105 個參賽國的聖火，緩緩升起合成一個大火柱。與以往大不相同的倫敦奧運點燃聖火的儀式，充分發揮主事者的胸襟，這一片刻想必觸動了全世界不分種族、不分國界的同一顆心，也融化了所有觀賞人的同一顆心。此時此刻，不管你來自哪裡，你是誰，都沒有了分別。我個人則是熱淚盈眶。

相較四年前的北京奧運，一個像是初崛起的傲氣新富，一個像是沒落的優雅貴族，一個用財力炫耀，一個用文化鋪陳，一個是留下記憶，一個是留下影響，兩相對照無損風采。有媒體說倫敦奧運是老靈魂玩新把戲，看在眼裡深感人類意識的豐富情濃，管他是老還是新，一場盛會融合所有的生活元素，音樂、電影、故事書、文化薰陶。那覺似遙遠的夢想就在身邊陪同走過歲歲年年，剎那間迴盪不已沒了距離。京奧也好，倫奧也就好，最值得著墨的是這樣的奧運精神，宣揚了公平競爭、和平相處的人類真情；宣揚了眾志成城、合作無間的遠大胸懷，讓人間永遠值得留戀。

1985年左右，社區出現了一位紅髮高眺的年輕男子，他是有社區以來唯一避過警衛進入佛堂全裸奔馳，興高采烈在公認神聖的地方滑行，像孩子般無所顧忌的嬉戲，一旁靜心的人目瞪口呆，一時無從反應。還好警衛即時進入把他揪出帶到社區外。沒多久又見他一再攀進社區內既無入門證也沒有買餐券，卻可以不時的見他在餐廳裡跟大家一起用餐，神情磊落自在，讓警衛們十分頭痛，只好告知奧修（OSHO），師父的回答是請給他入門證及無上限的餐券。

Dheeraj說真是喜歡這位紅髮年輕人的無邪，破除權威的行為令人驚醒，當然也因為師父的慈悲轉負面價值觀為和平溫暖，也因為師父的慈悲瓦解了被制約拱起的權威，轉為被接納的群體紀律，接引了一個狂放的靈魂。

這個故事意味著人與人與環境深厚的信任感，永遠都不可抹滅的連結感，每個人的作為彼此影響著；有人活潑、有人僵化，不約而同或是不時被觸動的心情從何而來？難不成證實著我們是一體的，我們是無分別的、真真實實。毫無疑問在每一個靈魂深處，或者也可以一味的否認只在此山中，雲深不知處的淒迷？

那時期西藏脈動在社區漸成熱門的團體，樹大招風開始有人不時的向內圈反映，認為西藏脈動的動作很詭異可能會破壞社區的名譽，聽在師父的耳裡，回身請身邊的人將他挑選的禮物送給Dheeraj。每次有人面告奧修（OSHO）對西藏脈動的疑慮，Dheeraj就會收到奧修（OSHO）送來的禮物。

幾次以後就不再有人對奧修（OSHO）饒舌了。師父呈現著一個整體意識的慈悲與智慧，如有分別，世間不得存有。

西藏脈動的原理很簡單，技巧也很簡單，只是順應生物本能而已。我們的父母做愛，兩性交融，生命因此而來。我們的生物電能接手持續生命的發展，我們利用雙修維持生命的原創力，在深度放鬆裡我們經驗到頻率的精妙而啟動了不同的次元，也因為技巧的練習，觸發內在本然的悟性，歸零再出發的寧靜，無礙的與存在和諧的共振，創造共鳴，舞臺依舊，布景更新，臺上、臺下我們都一樣在演出中。

脈動的修持，當事人永遠經歷自己唯一的第一手的經驗，絕不是別人告訴你該如何才是，而是亮起心中的亮。我們不只沐浴在師父的慈悲，更是直接認出自己生命永遠他我無分別的慈悲。

西藏脈動的紫波工作在腿、手臂、小腦、大腦四個器官的神經系統，象徵業力的牽引與內在教育的實現；也是我們人類潛意識的建構幫助我們超越對分離恐懼的四個支柱。

過去的意思是我們曾經從那兒走開的，過去是我們曾經有什麼被遺留在後面的感覺。什麼是以前？是現在的過後，所有有關過去的緊張都儲藏在我們的雙腿，讓我們無法由過去式離開，因為過去的種種依然還在我們的神經系統參與著生命能量的運作。

生與死的狀態永遠是經過生命要素的初始，因為那是我們神經系統建構的方式，要進入我們過去的經驗，必須瞭解有關如何開始生與死的事件。每一個感知開始於對頻率的評定，混亂出現在每一個生與死的狀態，其中適應期代表發展趨向有秩序的計畫，法律和規則讓所有的事必須能合於規劃的形式。

小腦位於脊椎的頂端，掌管24個脊椎骨。每一個脊椎骨是各個器官的資訊中心，生活經驗的資料庫，小腦負起伴隨我們身體的任命授權之職，釋放能量給每一個神經系統來運作。第一個經驗到的是「臣服」，第二個經驗到的是「愛」，第三個經驗到的是「運動」，第四個經驗到的是生命因而顯現的「豐盛」。

意識單純的臣服及允許各種不同的電氣流行，有磁電的化學變化，靜電型態的發生，所有的意識事件只是單純的經驗臣服。累積儲存及習慣我們的經驗，是必須去瞭解特定個人肉體的存在，在某個點上，我們向經驗下一個層次，經驗抽象式的同意。

假如我們一直活在對未來的憧憬，那是緊張藏在我們的手臂的神經系統裡。因為未來是虛構的，未來的憧憬反應我們手臂的緊張，手臂是心的延伸，有了緊張就好像把心圍起了一道無形的牆。

是什麼橫在我們與事情之間？那是我們的手臂。我們學習預期於事情尚未來臨的點上，驅使相等的算計，透過我們手臂的神經系統做為傳達。快樂是我們心的正面情緒，延展我們的手臂出去成為心的外在工具，能夠幫助心的發展去引導對自身的感覺。

大腦自生的靜電電氣循環的表達，是透過自己內部的左右半球狀，彼此持續同步運作著，像鳥兒的翅膀一起揮動著，構成機制性的反應作用，促進我們的大腦取得印象後的表達是和諧的。

外在的同意只能製造一半的真實，因為我們的知覺一半進一半出，一半亮一半黑，一半準備好了一半等待中，一半陰性一半陽性，為了包容我們的極化而發展了我們的想法，我們學習找出自己在家庭四周能擺出的姿態，這是我們團體意識的發展模式，讓我們要像團體的一份子而做的姿態。

最近幾位十年、八年前跟著練脈動的朋友，回來分享這些年來的心路歷程，當真是十年樹木百年樹人，也見證宇宙意識把人捧在手心般的呵護，為了一步蹣跚小小的邁進，為的體悟我們是一體的，每一個個體的覺醒也正是整體的覺醒。

幾十年的生命歷程，回首一看是滄海一粟般的卑微，回過頭來，又是點點滴滴難以抹煞的愛恨情仇，到底我們要走到何時？或者只是當下的覺悟？

多少次想要放棄脈動的教學，找個能糊口的工作了此一生就好，但總有即時出現的朋友們誠懇的想學脈動，就這樣教了一年又一年。朋友們的來來去去，留下來的當個寶一樣的珍愛，離開的也毫不婉惜，畢竟生命只能自己負責。一個偉大的師父顯現真理的存在，不做任何的干預，何況一個小小的團體帶領人，只能以自己的經驗分享給朋友們。

十幾年的教學很清楚的告知朋友們請不要稱我老師，我跟大家是一樣的，一樣的走著自己的七步曲，一樣有自己的愛恨情仇。只是勤練脈動，燭光大盞些，看得快些也看得清楚些，也讓自己有能量自嘲一番，然後繼續的走下去。

脈動屋實體成立有想要建立一些識別系統以便推廣，這是第四步的能量。然後想脈動是實修的功法，沒有譁眾取寵的本事，來上課不練習不合脈動的精神，這是第五步的能量。然後什麼都不做，自己也不練那就是到第六步了。還好我的第六步很短暫，因為練脈動我的身心很愉悅，這是生命的本能，誰喜歡受苦呢？

所以一直是認真不當真，積極不著急。以前在普那脈動屋確實有著神祕的氛圍，確實有種說不出的法性護持，這樣的功法只有真心求法的人能夠進得門來。在臺灣是沒有什麼氛圍，也沒什麼神祕性，一直很冷門很小眾，只是進得門來是靠自己的勤練，是靠勤練中能量足以護托陪同走過人生的風風雨雨，心中仍然一片燦爛。

說穿了沒啥了不起，脈動人人可以練，練的是自己的耐心、自己的毅力，練足了，這樣的耐心與毅力就讓我們認出原來我們一切俱足，來人間揮霍我們的創造與想像，來人間遊戲與享樂的，這是第七步的能量。然後又重回第一步，只是品質不同囉！

第十四章 個案的例證（一）

三年前我在義大利時，臺中的朋友們練習脈動，為了湊對會悄悄的拉她依樣畫葫蘆的照做，聽說她很快的進入狀況，朋友們很高興多了個伴。

其實五、六年前曾經拒絕她的加入，後來耳濡目染身邊好友練脈動的關係，見她多了信任，也多了柔軟，才接受她加入團體，課程過後也與朋友們勤於練習。

一段時間後她靦腆的跟我說，當初我的拒絕令她很受傷，但是現在她能瞭解拒絕是對的，否則冒然進來，以為可以找到答案，殊不知脈動不是給答案比較像是當下提問，如果不能反觀自己，很快就會反彈，繼而逃之夭夭。

脈動的洗滌常常是快速的回顧深層意識的心路歷程，有時令頭腦難以招架，那種重整前的撕裂感，令頭腦又愛又怕。怕多年的相信崩解，愛多年的負擔卸下，內在的亮持續增強，自我（Ego）無以遁形，難免詭計盡出哄抬權謀，賣弄聰明，如果沒有強烈的意願，往往半路折回，再次迷航。

所以脈動重視共修，重視彼此護航，沒有權威、沒有崇拜，紮紮實實地為自己負責，只要在身邊的朋友，我極力照顧，因為能量衝擊可能引動的情緒或肉體的不適，運用脈動的學習系統可以做出精妙的診斷，運用脈點連結，快速解套，現在就以她的經歷為例：

她經營一家以健康自然風產品的店鋪，也接觸一些自然療法的推廣。有一天她突然嚴重頻尿，用盡她所知的療法卻無效，跑醫院急診，醫生說不出原因只想開消炎藥打發她，還好聯絡到我，以脈動的能量診斷：

「頻尿」意指「膀胱失控」。但是當她來時，能量滯留在卵巢，表示有受驚嚇，胃抽緊則影響卵巢能量的運行，以致箝制膀胱失能，所以我雙手先順卵巢的緊張，她即時停止尿急的威脅，然後再順膀胱與尿道的脈點，當然最威力的是工作在口腔內的 New Mind，原本她擔心無法接受一個多小時的療程，沒想到我雙手一接觸就鬆綁，感激不盡，兩次 New Mind，至今未再有頻尿的尷尬。

順便一提，女人易患的頻尿、血尿、鎖尿，脈動的技巧工作在膀胱與陰道，療癒效果立竿見影，不過我們不是治病是運用能量引導讓神經傳導恢復功能的順暢。

再來就是突然嚴重耳鳴，她到處找醫生看，也是說不出所以然，但是她沒有跟我說，我也不會多問。直到我久留臺北的有一天，她打電話來聊了一會兒，突然說了一句讓我心抽搐了一下的話，她說：「妳不在臺中我覺得好無助！」記得 Dheeraj 曾經說過：「不可以把有心學習的人放在半路上。」為了她的一句話，第二天就打包回臺中，開始為她做療程。

每一天，我會檢查她的能量，做些解說以滿足頭腦。我的瞭解，她耳朵本身是沒有問題的，以脈動的說法，耳朵與卵巢是有一條密線相通的，情人的話語是有助情愛的歡愉。因為她是單身，耳鳴可能是找到某種原因的伏筆，不管怎樣，女人都需要珍愛卵巢，讓能量順暢可以增添魅力，充滿活力享受優質的愛情生活。

也注意到內耳的功能有重要平衡的回饋作用，手臂與雙腿的脈點正是在內耳的耳殼上，不難體會身體平衡系統的內外搭配的巧妙性。因此開始工作在雙腿的脈點，花了一些時間在骨盆腰際頂端的脈點加壓，再來就是New Mind。她真的好勇敢，做這個點有時會很痛而且痛45分鐘，再加強脊椎的脈點讓她放鬆之際，沉睡一會兒。

給了兩次，我經歷了很不舒服的、莫名的能量破格感，好像踩在爛泥濘裡，沉重中又無奈的拖行，全身內到外都像漿糊黏著般一團污濁。給個案給了這麼久，從沒有這款事，我沒有害怕只有好奇……。一直就提醒朋友脈動要互相對做，能量要給也要拿，完成能量的循環就不會心生疑慮，還有七步曲的瞭解也很重要。

第三次耳鳴明顯降低，她高興的告訴我她以前不能提高的左腿能夠抬高，走路平穩，腰骨可以靈活轉動。這些讓她困難走路的現象，她看了多位醫生，用了多種療法都無法改善，幾次腿的脈動就像找到對的鑰匙打開鎖。原來我的不舒服是在反芻她六、七年來的隱憂，參與轉化她六、七年來的難題，拔開了她的障礙，咀嚼她多年說不出的苦。轉移了她潛意識能量往來的黏稠，真是心疼她的受苦。

平常發現她走路用拖的，還以為她是長短腳，現在才知道她在六、七年前左腿開始無力，連上樓梯都得用雙手扶著欄杆才能抬步，去醫院所有的檢查都做了，說是只有開刀一途，她嚇得打道回府，嘗試很多的自然療法，看中醫、看整脊、看氣功，直到練脈動，一顆慌亂的心才慢慢沉穩，加上這一次的整療，她欣喜之至重拾肉體輕盈，走路雙腿有力並且享受搖曳生姿的滋味。

朋友說早就應該找我做，其實她不是我的學員我是不會出手的，而且她確實有跟朋友們勤練脈動，很多潛意識的表層鬆動，才有機會直搗黃龍，抓到病根。幾次個案逆轉肉體的不適，對脈動行者是司空見慣的事，對情緒及心理的轉化也是理所當然的結果，在持續的過程中，我們體悟了生命的自由與大無畏的智慧。

在脈動的瞭解，雙腿代表主人的能力與決策力，如果神經系統負電充斥時，容易覺得無以適從，有志難伸。同時也代表攜帶很多的過去式，被過去的經驗牽制，無法順利前行，或是常會步履錯亂左右絆腳。對她開玩笑的說：「如果妳碰到什麼仙角道姑的可能會說是妳曾經有權有勢，卻仗勢濫權，酖於如此的行徑與心態，果報在雙腿的無力與僵化。」對不起！脈動的說法沒仙味，我們瞭解負電充斥，可結就可解。

心脈的連結，能量強於她個人的流量，幫她找回神經系統傳導原本順暢的運行，要求她必須保持覺知，因為身體是有記憶的，別讓過去式的模式再次悄悄侵佔路徑。持續脈動的練習是保持覺知莫大的助力，同時享受靜心的美妙。

船過水無痕，在我手中確實擺平了一些奇症，包括我自己在內。雙手萬能的外一能，心裡很清楚，我只是理順了神經系統能量的傳導功能，身體自然會發揮自癒本能，頭腦無法瞭解，就像愛不能瞭解只能經歷，沒有祕密只有能量自在的流通在每個人的心中，那就是大家尋尋覓覓的愛，脈動吧！

第十五章 個案的例證（二）

常有人問起，脈動朋友這麼親密，自己的能量是否會被別人吸走？是否會收到別人的負能量？也不知道這觀念從何而起，藉這裡解釋一下，我們的肉體是靈魂意願的完整作品，每個的生命能量絕對足夠穩住整個的生命狀態，即使一時的激盪還是會慢慢的自行調和。奇妙的是不會多也不會少，也許只是順或不順。

我們可以物理電學的觀點做些比擬：所有的物質是由原子組成，原子又是由電子、質子、中子組成的，而電子與質子的數量不一樣時就是帶電荷。電荷守恆是物理學的基礎，與能量守恆、動量守恆同等重要。而磁場是由運動中的電荷產生的，更重要的是電子會像陀螺般的自旋，自旋的電子創造了運動中的電荷，又會產生另一種磁場。

所以電子們朝相同的方向自旋，就造成較強的磁場，是相對性的。換句話說，西藏脈動的團體邀請個體的加入，蘊釀較強的磁場，而磁場發生變化感應出電位差觸發電能，讓個體身體內部的自由電子持續溫柔的振動，進行個體能量轉換平衡所需。

這是最奇妙的片刻，團體因為有個體的參與，產生的能量足以滋養整個的團體中的每一個體，誰也不缺。而且有足夠的力量消化負電充斥，正、負電平衡，能量的通道自然敞開，讓所有參與的人經驗深度的放鬆。

重要的是靜心品質是必須的。師父說：「與自己連結就是靜心。」脈動正好是無怨無悔的提醒著我們，伴隨靜心觀照人生七步曲轉移的過程，人與人在能量的連結中，鬆動自己內在的執著。一切的變化可能會出乎預料得快，快得讓人不得不訝異人生真的如夢幻泡影，亦電亦如斯。

課堂上，我會盡量解釋人生七步曲與身體器官能量對應的種種情緒。理解能量的流動循環的軌跡，體諒自己正處在什麼樣的過程裡，恍然生命能量一直是這樣的來來去去。身處滾滾紅塵，苛責自己徒增悵惘，有的只能「觀照」，也自然的體會什麼叫「靜心」。頭腦停止喋喋不休，停止批評自己，當然也就不會再投射去批評別人。

想到以前 Dheeraj 的教導，當時自己真的是有聽沒有懂，唯一的是我信任他的引導，勤練技巧，直到某一點上，好像點點的星光突然一起亮了起來。我心中的一塊田已經開始肥沃得可以長出任何我想要的花兒，可是我什麼都不想種，只是滿足靈性的亮，讓我看到早已擁有的一塊心田，就跟其他的每一個人是一樣的。

很多年以前一位朋友幫我買機票回印度普那，她一向勤練西藏脈動，情緒起伏峰迴路轉，精彩也驚險。還好她守住自己最深處的渴望，即使是極端的混亂，還是保持一份信任的感覺。鼓勵她一起去奧修社區，她考慮後答應隨後十天就到。在普那幫她先打點好住處，讓她一來就可以有地方休息。她是半夜到普那，清晨我就被急促的門鈴聲吵醒，原來她要求另外一位朋友帶她來找我。

因為她舟車勞頓，一夜輾轉難眠，身體不舒服覺得快死了。我讓她躺平，檢查能量。第一次來印度，一路的髒亂打擾了她的心境。我慢慢的幫她加壓在丹田及胃的脈點調整能量，很快地她安然入睡。到了傍晚醒來覺得神清氣爽，告訴我說真是不可思議，我兩個個案就把她從地獄拉回來。真可惜居然沒有人知道有妳這一號治療師在這裡。

是的，十幾年前由 Dheeraj 親自帶領的西藏脈動治療學院，在奧修社區是組織最嚴謹的一個學院。上完訓練課程，每天得勤練技巧，當團體助理兩、三年，再當治療師助手，再經過三位團體帶領者（Group Leader）的測試，通過才可以成為治療師。

有人在網路上招生授課，自稱完成西藏脈動的訓練課程。對不起，西藏脈動從來沒有完成的說法，即使已經被認可了還是得持續的練習，否則自己都走不勤快，如何帶別人走？

尤其是工作在潛意識裡，有相當的神祕性需要保護，這也是 Dheeraj 設立門檻的原因。絕對不是參加了一、兩個訓練課程，就可以給個案或是帶課程。想成為西藏脈動的治療師，意願先對自己用功外，還得花上結結實實三、五年的工夫。半途而廢的人很多。尤其 Dheeraj 教授的題材又多又深奧，還好 New Mind 做到一個程度，似乎就開竅了，就不覺得那麼難了。既然她這麼說，我就再舉幾個回臺灣後給個案的例子：

一位朋友的同事，患了帕金森氏症，利用藥物控制雙手的抖動好幾年了。我答應給他十次的個案，並且請他把藥物減低到他自己覺得可以的程度。我真的很贊同許醫師敢嗆聲，能不吃化學藥物最好不要吃。因為我看到長期吃藥的人，能量好像被綁住一樣，顯得無奈。

我給他在迷走神經的脈點加壓，調整能量的流動，第六次個案後，他告訴我三天沒有用藥，手也沒有抖動。他神采奕奕，朋友說這麼久來再次看到以前他英姿煥發的樣子，暗自稱奇。

繼續給完十次的個案，他的臉色紅潤，神色沉穩有自信，我自己都覺得神奇。不過得意過後，我很快知道神奇的力量來自我的心隨著脈動的連結喚醒他自己的求生意志，他本來就是很有力量（Power）的人。他問我能否再給他個案，我建議最好學習技巧與朋友練習，西藏脈動不是用來治病，是能量的整療，是一種靜心技巧。

一位朋友的哥哥，才三十出頭，從初中開始就被列為精神不穩，需用藥物控制情緒的人。後來漸漸的用吃中藥調整體質，雖然對家人較沒有威脅性，可是個性還是強忍著唯恐一不小心就會爆發的感覺。

他問我願意給他個案嗎？我說他能停止吃藥嗎？不過他害怕不吃藥會出亂子。所以我先做讀眼的診斷，再給他一個喉嚨脈點的個案，過兩天朋友來電說他哥哥做完個案，馬上去找他最信任的中醫師把脈，中醫師說他長期陰沉的脈象消失了，幾乎沒有病症了。

所以要她來問我可以繼續拿個案嗎？我答應還是以十次個案為準。那段時間他給我很多很有趣的回饋，他不喜歡自己情緒難以控制的感覺，可是難以控制的感覺讓情緒更多更氾濫，不得已的就想用藥物壓制所有的感覺。

經過脈動的能量調整，他靦腆的說好久好久沒有這種平和的感覺，對自己開始覺得有些疼惜與甜美卻又有點不自在。告訴他我只能助一臂之力，指出可能性，其他的還是得靠自己走過。

靜心是唯一的路，可是卯上心理上、情緒上的糾葛，大概路在哪都看不到。所以 Dheeraj 常說他今生是乘願而來，希望西藏脈動的技巧傳諸於世，讓情緒上、心理上有困擾的人有機會解套。因為奧修（OSHO）師父的支持，他的心願得以完成。現在，脈動的朋友們四散各地繼續他的工作傳承。

一位門徒朋友，她一直是生機飲食自然療法的擁護者。有次喉嚨痛了三個月，痛到後來連話都不能說。她自己用盡一切所能找到的自然療法都幫不上忙。剛好我由印度回來，她請媽媽打電話給我要我幫忙。

她來找我也同時要去看一位有名的中醫師，我先檢查她喉嚨的能量，確定喉嚨本身並沒有問題。她懷疑是喉嚨長繭，去醫院檢查，果然是沒有問題。而中醫師把脈後的說法跟我說的也類似。

我答應給七天的個案，先工作在脾臟的脈點及第一輪能量的釋放，看她能量的走向，再相互工作在肺及喉嚨的脈點。因為喉嚨與脾臟、肺在西藏脈動的技巧是同一組電氣循環。

第二天做完個案，她的臉變得通紅，第四天她開口講話，大聲得自己嚇一跳。第七天告訴她的能量已順利運轉，往後請自行保養，並教她特殊技巧與先生對做。重要的是留意自己情緒的變化，免得雲生風起，吹皺一湖春水。

身體比擬一湖春水，風起有如情緒，雲生恰似能量的蘊釀，請允許自己的生命舞動自然的韻律，風花水月般能量來來去去，春水皺了又平了。觀照伺機而起的情緒，與其留來留去留成仇，何妨隨性撒野那麼一下下，傷不了人的。

會傷的是被我們忽略而壓抑過度的能量，不得不找出洩洪的出口。那出口變成了傷口，呈現在身體上。脈動的連結藉由身體的提示，進入能量的層次，重新啟動。很快的能量恢復原來流動的軌跡，我們經驗了愛。愛就是治療的力量，很單純的。

一位朋友結巴的對我說，駕駛執照拿了好久就是不敢上路，尤其是高速公路。我瞭解他的感覺，以前我自己也一樣，上高速公路，手不自覺的就會把方向盤抓得緊緊的，看到大型卡車遠遠的從後面來或是從對面車道來，心跳加速，一股驚惶的感覺罩頭而來，好無助喲！

每次要上高速公路，就先得對自己精神喊話。因為我記得關公的笑話，他的赤兔馬趕不上現代的車速，不能求神明，要求自己。雖然每一次都是安全的下高速公路，可是精神的緊張好傷神。

自從在印度上完脈動藍波回來臺灣，發覺長久以來恐懼走夜路，恐懼會見到鬼，恐懼開車上高速公路會出意外的心情不見了，哇！這般自在的感覺是我的權利，我不要喪失了。這也是我繼續西藏脈動的原因之一，所以盡快的給他個案，工作在他副腎的脈點七天。果然不負所望，他在這個點上跟我的經驗一樣解套了。

一位朋友頂著數學碩士的背景，浸淫在星相學的專業領域，頗具知名度。本著學無止境的心情，即使自己已被稱呼為老師，有機會還是不惜走訪各個宗派的名師，切磋琢磨增進視野。

有位舊識去找他，他發覺對方能量平順，沒有預計運勢應有的顛簸，十分好奇，詢問之下原來對方正勤練著西藏脈動。要求引見，驚訝的是我們十幾年前就見過面，當時他說我會一直換男人，以前是有這種傾向，直到看到自己的習性，當下順勢一轉，看我八字大概就看不準了。

我由一個不由自主跟著八字畫線走的人，到覺知線是自己畫的，停、聽、看，如是說個性創造命運，停！放鬆、聽！心聲、看！清楚、只要你有意願，個性是可以改變的。

以我個人的經驗，見風轉舵一點也不難，要哭要笑，娛樂別人也娛樂自己。有人說做西藏脈動要做什麼？是真的，要做什麼？沒有目標，沒有承諾，又不能有神通可以分身受到達官顯貴的崇拜。講到這，忍不住要說，如果分身那麼了不起，我們應該要加強物理科學的教育，懂得原理後就不會如此盲從。

看看星際大戰傳訊的方式，分身像是一種電磁重組投影的技巧。我看科學家看到有這麼多人崇拜分身視為奇蹟，大概是嗤之以鼻。或者像師父談到，如果大家都能充分發展心智體的話，那些施展奇蹟術的人，就會自然消失。

尤其是當政者信神通，不問蒼生問鬼神。即使是我一個平凡女子，都覺得滑稽。師父說有人窮其一生學習飄身過河的法術，而常人花幾枚錢給船家一樣渡過河。佛書記載，目連尊者神通第一，卻救不了自己的母親。所以說崇拜有人會分身會神通，當當娛樂還不錯，因為他能你也能，他只是早發展了些，否則你怎麼知道他在玩特異功能。他選擇譁眾取寵的招式，我們選擇平凡殷實的日子。

如果這樣就讓你仆伏腳下，那更應該回家先跪拜我們的父母，生你養你很久不知道被你崇拜是什麼滋味了呢？要談這種社會異象還真談不完，先讓我回到做西藏脈動做什麼。

神奇的是你的頭腦不知道我們在做什麼，「心」全然瞭解。親密和溫柔的營養有情有義，有一回你又被一些無名的相信，逼不得已僵立一角，突然波剁！尾椎輕擺像條活溜溜的魚一樣穿過了那往常的苦惱，不消多久技術越來越好，你的笑聲爽朗得如神仙出洞，遨遊虛空。

所以說，工作在自己的身上，要做什麼只有你自己知道，知道那片刻渾然兩相忘的片刻，沒有過去也沒有未來，無所求也無所得，當然也沒有什麼會失去的。

這位朋友特地來臺中嘗試一個個案，讀眼後看到懷疑的情緒記載，給予喉嚨電氣循環的脈點加把勁，以便調節能量。等他休息過後，一照面就要請我去吃飯，我說個案的費用給我，我請你吃飯，盡地主之誼。

在用餐時，他說幾個月來一直懷疑自己，居然在股市賠了數百萬的事實，那種懊惱不已的感覺揮之不去，想要瀟灑偏偏騙不了自己心頭隱隱的痛。今天來臺中見識了能量整調的威力，四十五分鐘看妳只是把手放在特定的點上，卻讓我嚐到了很特別的深沉放鬆的滋味。

我訝異的是，幾個月來賠了數百萬的懊惱，第一次銷聲匿跡，簡直是不可思議。你什麼時候開課？我先報名了。果然連續五個週末的六、日，他從未缺席的由臺北到臺中來上綠波，精神可嘉。

有位臺北的朋友，曾經輕度中風過，長期求助中醫的針灸，經過朋友的推薦，殷勤的坐車到臺中上綠波。上完團體沒多久後由臺北打電話給我，聲音頗為興奮，為了上綠波，她停了一段時間沒去針灸。最近去回診，醫生說她的精氣神相當的好轉，比起以前大大的進步，醫生語氣稍帶訝異。

朋友自己心理有數，是自己意願負起責任，參與蛻變的洗禮。她在課堂上是比其他學員辛苦，半邊的肢體較為僵硬，做著我要求的動作，常常得皺起眉頭，額鬢冒汗，不過她沒有氣餒，現在我還清楚的看到她滿臉紅通，用正常的左手幫助較為萎縮的右手，努力的完成準備工作的樣子。

也看到她課程結束時一張紅潤美麗的臉，幾乎看不出身體左右邊的差別，雖然醫生可以幫我們忙，但是必須找到能夠瞭解病因的好醫生。別忘了最能直接瞭解病因的是我們自己，而且是能夠用心瞭解自己的自己。

瞭解身體出狀況是一種智慧，一種提醒，只要我們肯聆聽，跟身體連結，感覺，放鬆，身體能量自然恢復流動。很多身體的狀況，我們都可以享受不藥而癒的神妙。好醫生不只是幫我們治病，更是幫我們內在的醫生醒來為自己負責。因為不可能有任何的醫生比自己內在的醫生更瞭解自己了。

但願社會允許心智成熟的發展，有形的支持身心靈整合的技巧，各家門派能夠打開心胸，琢磨研究提供教育機會，再次認識慈悲心確實是人類的本性特質。

例子不少只是舉出幾個，當然也曾給過一些個案，回說沒有感覺的。這些朋友大都是被介紹而來，好奇想嘗試一次就好，而能量的循環有它的過程，平常會要求合作七至十次，不過即使是一次的個案，或多或少都會有所觸動。

只是很多的人說是要認識自己，卻不敢真正誠實地承認自己的感覺，或者說自我喜歡混水摸魚，幹嘛要誠實去戳破長久以來的相信？這也是我回答學員們問我為何上課要挑人的原因，每個人都是佛，有些人內在的佛還在沉睡，耐心點別急著去吵醒。人生如夢，要保持清醒多不容易呀！

不過，不容易的背後一定有個容易的。佛陀睡覺都能保持覺知，我們先是在清醒的時候保持清醒，運用一些技巧幫忙應該不會太難。這也是師父的慈悲，參考古代的、現代的、智慧的、科學的，融合出一、兩百種的靜心技巧，幫忙準備上路，剩下的就看我們願不願意了。請記得，再厲害的技巧還是需要持續的練習，願意的是你，受惠的也是你。

我一向不贊成閉門造車，或是故步自封，除了工作在自己身上，也要留意四周環境的變化，可以嘗試不同的方式，加以體驗，當然也要懂得選擇。每個領域都有學有專精天賦特殊本能的人，有形、無形的彼此支援，我想這也是人類可以繼續生存的一種大智慧。

生命是強烈的求生存的，能量一旦重新引動，身心同命，被壓抑的病因也好，情緒也好，會自動找機會平衡，之前更會顯現曾經被忽略的症狀以便呼應。情緒就像一條游動的蛇，牠有權利走牠要走的路，不要抓牠尾巴，牠也不會回頭來咬你，好的、壞的都不用留，不然只怕留來留去留成仇。

師父談了一大堆七個輪脈、七個身體、七個中心，最後他說：「你就是從你的肉身開始，不用去管其他身體的事，請全然活在你的肉身裡，然後你會發現一道新的門敞開了，你願意的話就繼續的往前邁進，所以不管我說了什麼，忘了吧！」

奇怪？西藏脈動真的就是經驗師父說的，兩岸猿聲啼不住，輕舟已過萬重山。忘了其他的吧！好好的活在你的肉身。古代道家說明，身體每個器官住著一位神，悄悄告訴你這是真的，否則我們怎麼會覺得很神氣，當我們覺得自己很棒的時候。

這與西藏脈動二十四器官擁有各自的能量屬性不謀而合，智慧的身體活在此時此刻，覺知身體的緊張，覺知身體的放鬆，那麼就可以輕易的經驗其他的。靜心前的準備似乎在做一些無意義的事，偏偏無意義的經驗恰恰扭轉成了有意義的。體驗再體驗，不斷的超越，不斷的整合，身體無時無刻的提醒，活在當下！

生命就在此時此刻，俱足圓滿，無需追逐，需要的只是你的覺知。覺知也不難，正、負電平衡時，能量流暢，意識自然清明，覺知不用說也無需解釋，因為生命最原始的機制作用就是覺知，一種本能覺知我們的存在和需要。

莫非~尋尋覓覓，原來是眾裡尋他千百度，驀然回首，那人卻在燈火闌珊處。

第十六章 讀眼的基本瞭解

人類千百萬年的進化，文化傳統的衝擊，情緒的演變真是錯綜複雜，神奇如種子發芽，美麗如露珠夜生朝滅，任何文字的描述一說就不是了。能量的來來去去，變貌萬千，人的語言根本詞窮。「脈動瑜珈」是實修的技巧，一切感受無可言喻，為了把這個瞭解傳承，先人勉強的用盡方法做個指路的人，所有的文字只為了一個提醒，穿越靈我兩茫的迷思，穿越時空侷限的認知，一沙一世界，一人一宇宙，所有的裝備都在我們身體裡無需外求。

把最簡單的物理原版化成最實用的操作，有如做愛，自然的利用臀部的擺動像幫浦般營生能量獲得無比的歡愉，更是迅速釋放緊張的自然管道，甚至創造新生命。同樣的機制不同的智慧，代代傳承數千年，可乘風破浪，時而高時而低，鋪陳生命的原創力，樂於隨機應變，至死方休。

「脈動瑜珈」的「讀眼學」在眼睛的虹膜不同的位置不同的圖形，讀出記號攜帶著什麼樣的提示，絕不是拿來下定義的。我們瞭解大腦神經高可塑性的特質，有多少負向電荷就有多少正向電荷的轉化力量。需要的是全然的鬆綁然後重新啟動。往往一個記號，訴說著可歌可泣的故事，或是匪夷所思的心路歷程，成為制約的夢魘或是生命的智慧，需要的是覺知與關照，這正是人類毅然決然轉身靜心的意義！

眼睛虹膜裡的記號有些看似獨立點綴，有些形影相串，像是繪製生命旅程與神經系統電氣循環的面表。彼此相關對應，也像是潛意識企圖呈現的畫面，蘊藏著無盡的遐思。靈魂之窗的風采有了更深情的篇幅來歌詠。而且每一隻眼睛的虹膜都是獨一無二的，也就是說即使一個人呈現在左右眼的記號是不會一模一樣的。

如果不相信男人身上帶有女性特質或是女人身上帶有男性特質，那麼眼睛提供一個很容易實驗的見證。找個安全可以跟人互動的地方，遮住一隻眼一陣子再換遮住另一隻眼，同樣的情境會經驗到內在全然不同的感受。我們是陰也是陽，可以陰柔也可以陽剛，應該很多人已經有共識了，脈動瑜珈的讀眼學也有相同的瞭解。

右眼收發男性特質的能量回饋機制，積極的詮釋外在世界，顯現人類情緒中理性的一面，邏輯的、規範的、直線的、主動的，寧斷不屈的征服慾。而左眼則收發著女性特質的能量回饋機制，詮釋外在世界的感知，是那麼的溫柔、接受、感性、波浪般的，如詩畫般的抽象派，很不現實的，那麼讓人苦惱的嘆息女人心海底針難捉摸呀！

有時是真的難以去做決定，只好跟著感覺走，卻出乎意料出現明朗的結果。反之千算萬算，左推敲右衡量，真的無懈可擊，偏偏總覺得哪裡不對勁。執意出動往往遭遇慘痛的教訓，也是常有的事。如果認為女人不能據理力爭，男人不能感情用事，那真是誤解了。每個人同時擁有男女雙性種種不同面向的特質，瞭解陽剛與陰柔不是對立是互補，那麼我們能用不左不右的第三眼看人生、看世界，來到道家奉而至上的太極！

書中提示各個器官能量屬性可能的情緒轉化，可以同時適用於左右眼，但是，左眼會用上塔羅卡佐以領會，而且左眼的每個器官能量呈負面時，潛意識都帶著特定的主觀認知去反對某種態勢。大都因為女性的被動不易表白自己內在的需要，反射成因得不到既而或反對或拒絕的對立觀，下意識的自我保護。

不管是仔細的看或是不經意的看，都會覺得瞳孔像是深不見底的黑洞，或是不知那一頭從哪開始的隧道，滿滿的黑色膏狀要溢出來似的。確實靈魂之窗是有個軸心，連續著過去與未來，可以感受生命的企圖與慈悲，經由這神祕的通道，今生今世是怎麼來的及準備怎樣去，我們有了提示也有了機會選擇做轉化！

請千萬尊重生命極欲探索的浪漫情懷，也就是說每個生命都有無限的可能去發展，沒有任何人可以去批評或是定義任何一個人，包括自己。批評別人是一件被扭曲了的障眼法，避免自己看到對自己的批評，批評別人小氣，自己不可能是大方的；批評別人虛偽，自己不可能是真誠的；批評別人低賤，自己不可能是高貴的。對外在的指責絕對是自己內在的投射，可是怪罪別人太方便了、太容易了，直到有個覺醒！

希望「脈動瑜珈」的「讀眼學」能增加覺醒的力道，虹膜上的記號確實記載著在生命的歷程曾經如何參與的故事，如何創造的情境。因為驚嚇，頭腦的保護機制會選擇封鎖或淡忘，但是有意無意間會變成某種反應模式，觸發一些情緒使主人誤以為這是個性使然，更固化了自我的認知，形成進退兩難的困境，掙扎不已！

覺醒需要不斷的觀照，觀照需要持續的亮，我們不能趕走黑暗，但是可以把亮帶進來。如何把亮帶進來，師父說：「靜心是唯一的路，靜心前的準備也有很多技巧可以選擇，不過最好是避免置入恐懼式的唯我獨尊法。」不入某法門就會天誅地滅的某大師說，偏偏相信的又特別多，忘了生命只有自己能負責的真相，或者忘了空我無相無懼的自己！

「讀眼學」的基本瞭解，所有的文字描述、情緒演變請以中性視之。因為到頭來就是要體會陰中有陽，陽中有陰，負中有正，正中有負。三界之內的極化原則盛極必衰，否極泰來，一切都在過程中，一切都在變化中。外在是內在投射出來的娛樂效應，可以認真的遊戲，而無意把遊戲當真！

說個小偈：下雪的某天，寺院內的佛堂大家等著禪師來說禪。久等不見禪師來，一位僧人去找，看到禪師靜靜坐在雪花飄灑的寺院門口，僧人恭敬的說：「眾人等待禪師說禪。」禪師說：「要聽禪嗎？來這裡看飄雪吧！」

第十七章 試試自己讀讀眼

一、建議面對鏡子，用支小手電筒斜照眼球，調整角度直到看清虹膜上的記號。

二、利用高倍數相機拍下眼睛虹膜的相片來對照。

三、可用含有十倍放大鏡作用的特定小工具來讀眼。

眼睛球狀晶體，以時鐘錶面為樣本，劃等分成二十四格，以半小時為一格，指示一個特定的器官，再由瞳孔起程，往外輻射到眼球外圍，等分成四等分。

第一圈為最外圈，第一環、直流電區：代表骨骼與身體的運動及聲音印象有關。

第二圈為由外往內，第二環、磁電區：代表心與液態物質及感覺有關。

第三圈為由外往內，第三環、靜電區：代表大腦肌肉與想法及身分的認同立場有關。

第四圈為最內圈與瞳孔為鄰，第四環、交流電區：代表整體性的表達與人生服務態度有關。

（註）物理學對電的解釋以供參考。

直流電：電荷永遠朝同一方向流動。
磁電：自旋的電子及運動中的電荷產生磁性。
靜電：電子不活潑，只佔據在導體的外部。
交流電：電子進行週期性往復的流動，生生不息。

在眼珠上顯現深層的差異，不同的部位讀出不同的意義。
上半部與父親長輩或自我抱負及精神上的事情有關。
下半部與母親及物質慾望的事情有關。
朝鼻子的部分，指出個人在公眾場合的舉止行為。
朝耳朵的部分，指出其人在隱私時的表現及親密關係的接觸情形。
內在的男性紀錄在右眼，呈現陽剛和積極。
內在的女性紀錄在左眼，呈現陰柔和被動。
平衡左右眼的慣性，可打破平常的理解，開展兩眉之間第三眼的智慧。

眼睛顏色

棕色的代表特質：傾向於積極獨斷，是一種用感官知覺調和感情及振動。東方人大都擁有棕色

眼睛，大都是小型印記。（sensorial/ hara）

藍色的代表特質：顯現是一種敏感度及接受性高的意識型態，協調的呈現優雅精緻的情緒與感覺，像是天使般的眼神。虹膜上的印記通常非常小，有些藍色會轉成金黃色，神經系統倒轉演出，於是容納了男女兩性的意識型態。（sensitive/emotional）

綠色的代表特質：非常的調入工作在自己身心靈。（understanding/mind）

眼睛虹膜

由外往內第一圈也稱為「身體的印象環」，代表我們的「丹田」。顏色薰黑意味壓抑憤怒，或是我們未能實踐的片斷，或是童年時期被吆喝制止行動自由。

第二圈也可稱為「情感環」，代表我們的心靈。

顏色薰黑意味情緒受苦的原因來自與別人的來往關係。

第三圈也可稱為「智力環」，代表我們的精神。

顏色薰黑意味有精神不濟的傾向，或者是心理上的問題。

第四圈也可稱為「調和環」，代表對自己的感覺，同時也是脊椎的能量圖。

顏色薰黑意味在精神之先或是無意識的受苦儲藏在生命頻率裡。

「調和環」亦稱「表達環」，顯示如何表達自己，沒有表達環的人記錄著小時被壓抑對自己的感覺。東方人擁有狹窄的表達環，比較困難對外表達，傾向往內在世界。擁有寬敞的表達環，內在空間廣，容易對外表達。

清楚這些基本資料後，再來讀眼球上特定位置出現的記號是什麼形狀，指示什麼樣的訊息：

珠寶狀：顏色有的是黑色，有的是棕色，與頭腦有關。發生在心理上的一個驚嚇帶來的痛苦。一個珠記剛好裝下一個緊張統御者，可以在相關的電氣循環的脈點感覺到。珠記出現是因為一個特殊狀況訂出一個強烈的認同感，如果被否認了會覺得是件沒面子的事。顏色明亮的珠記，影響生活比較明顯，顏色深沉的比較察覺不到它的影響，需要耐心的調養，以免左右主人的一生重覆驚嚇、失望及痛苦的經驗。

「珠記」出現在近瞳孔第一、二環，可能是被摑傷頭部，如果在第三環，可能是被家庭成員般親近的人所傷害。

「水塘狀」：顏色有深有淺，與感情有關。是感情壓力佔據過長的時間呈現出受苦的徵象。如果塘狀核心有黑點，主人會累次經驗到在這特定區域器官屬性所代表的感情受難記。如果有多個水塘狀記號在虹膜上，主人意願以多愁善感的方式過著情緒化的生活，並且大有可能擁有非常感性的音色及聲調。

「曲形纖維狀」：顏色深淺不等，與行動力有關。呈現主人受苦於被侷限的憎恨感，時常介入一種身同感受，發自內心深處的痛苦經驗。

「舊習條狀」：深色條狀由瞳孔處或近瞳孔處開始延伸出去到眼球周邊。指出主人有種慣性的方式，曾發生在生命的早期，爾後重覆成習慣的模式。每一條舊習限定以某種方式的行為舉止，一而再再而三的演出成器官屬性的特質，累積出多量的物質毒素，因而影響主人的情緒。

「玫瑰眼狀」：由瞳孔外開始像玫瑰花瓣花邊般的裝飾著。主人有著許多不合理的行為模式，傾向於狂放的精神狀態。利用唐突粗糙的行為來掩護內在的高敏感度，主人喜由內往外窺視眾生，別人卻難以由外往內去看他。

「黑環帶狀」：像黑色帶子環繞在眼球的外圍，指出需要工作在所在位置的所有電氣循環的丹田區。其代表著主人對權威的姿態有困難或憎恨，也就是說需要消除這樣的緊張，轉化力量而不是失去力量，一旦詮釋出丹田的能量將轉變成巨大的治療力量。

「金箍環」：圓形的帶子圍繞並通過在許多器官的位置。代表著性慾行為模式的機制，直接關係到我們的潛意識。當其中有個空隙停在某個器官上，我們尋找某人能夠滿足我們性慾的需求來釋放神經系統的緊張，只要能覺知，金箍環會溶化讓金黃火焰能夠撤開。（覺悟的意思）

以上的記號只能提供參考，因為每一個人的生命狀態是獨有的，每一個人的虹膜都記錄著獨有的訊號，也許會類似但絕不可能是相同。「西藏脈動」的「讀眼術」的診斷是來自一個善意的提醒，每一個負面的顯示都是另一個可能性，沒有對與錯或是好與壞，謹請允許每個生命獨有的歷程有自由轉圜的餘地。

一旦進入寧靜的片刻，回朔神經系統內被驚嚇而滯留的電訊，給予療癒的指令，進行自動消磁，認出生命的本質是莫大的樂趣，需要義無反顧的親自來體會。但願西藏脈動的技巧成為一個指路仙翁手中的亮，照亮一條朋友們可以一起走的路，一條回家的路。

當然讀眼只是指出路徑，就像帆船有帆，要借風航行，我們的風是利用脈動瑜珈心脈連結的技巧，解開身體精密的電氣循環曾經被驚嚇而短路的傷痕，發揮療癒恢復平衡，保持神經系統的傳遞順暢運行。可以感受到深度的放鬆像是移開背後一向莫名挑釁、糾葛不清的黑手，就算有時可能踉蹌一下也可以很快地重整腳步，慢慢放下憎恨、悲傷、憤怒、恐懼的相信，在生命的歷程中我們確實是可以進退自如、消遙自在的！

二十年前，Dheeraj 在課堂中就一再提醒二十一世紀的來臨是人類意識必然要轉變的時代，世界末日說不是沉重的預言，而是智慧的寓言。如果人類仍然頑冥的相信物質的追求目標，處在自私貪婪、豪強奪取、暴戾相向、肆意破壞生態的狂妄裡，也許世界末日是存在自清門戶的手段吧！

其實每個人心中都有一片樂土，容易被外在炫麗的物質世界矇蔽。末日說也可以說是人類意識的覺醒，有如佛家的教誨，放下貪嗔癡。有如脈動的功法順暢心能量的流動，有如道家七經八脈的修練，有如神祕家提升輪脈天人合一，轉化一切人為禁忌的無奈情懷，瞭解死亡是生命能量轉換不同次元的必然機制，死亡不應該是被害怕的事實！

第十八章 器官能量原型的代表性動物

西藏脈動的學習系統裡，Dheeraj將器官聲咒以英文字母標示以便西方人士發音。更進階以字母為基礎演化不同電流共振的複式音，初學以單音振動器官即可。聲咒有調節能量與存在整體融合的妙用，是西藏傳統中不可缺的絕招。

每個人都有不同器官能量的屬性，不妨對照下列的器官屬性及原型動物，增加一些對自己的瞭解，還有什麼比瞭解自己更有趣呢？

器官能量原型的代表性動物

[A] 老虎
[B] 無尾熊
[C] 狐狸
[D] 長頸鹿
[E] 老鼠
[F] 猿猴
[G] 美洲豹
[H] 貓頭鷹
[I] 狼
[J] 貓
[K] 乳牛
[L] 獅子

[MN] 袋鼠
[O] 豬
[P] 斑馬
[Q] 天鵝
[R] 鷹
[S] 犀牛
[T] 熊
[U] 驢子
[V] 狗
[W] 大象
[X] 馬
[YZ] 海豚

註：[ ]裡面的英文字母，代表聲咒的音。

綠波：

十二指腸：神似乳牛的能量，具有自我尊重、處變不驚的特質。

[K]是十二指腸的聲咒。屬性十二指腸的人，性情的頻率與聲調，很有重要人物的氣勢，看似隨和其實不然，看似勢利眼其實不然，取決自我尊重的要求是否得到共鳴。十二指腸的能量總是呼應著金錢及有價物質的訴求，正負面皆然，入世觀的模範生。

胰臟：神似美洲豹的能量，具有前瞻創意、敏捷腳程的特質。

[G]是胰臟的聲咒。屬性胰臟的人，性情的頻率與聲調，如同吹奏中的薩克斯風，即興演出的爵士樂。直覺性強，不太依附在現代社會的規範裡。美國印地安紅人是胰臟能量相當有代表性的族群，敬重大自然敬重大地的療癒力量，天生的治療家。

膽囊：神似老鷹的能量，具有衝破牽絆、希望在即的特質。

[R]是膽囊的聲咒。屬性膽囊的人，性情的頻率與聲調，說起話聲音悶悶的，舉手投足又有種難以描述的誘惑感。也許是透露著不被約束的野性，像隻抓不住的鳥兒。吉普賽人最具膽囊能量的代表性，執著於不執著的，寧願在人生的旅程中流浪著。

肝臟：神似犀牛的能量，具有大無畏、深藏不露的特質。

[S]是肝臟的聲咒。屬性肝臟的人，性情的頻率與聲調，主人聲音表情豐富，手勢也很多，一聲「媽媽咪呀！」揪住大家的心，以為發生什麼事了。常人害怕改變，保持現狀最安全。肝臟能量也會在最後一分鐘變得英勇過人，即使有可能成為一個悲劇英雄。

紅波：

卵巢／睪丸：神似獅子的能量，具有王者之尊、聰明膽識的特質。

[L] 是卵巢或睪丸的聲咒。屬性卵巢或睪丸的人，性情的頻率與聲調，令人遐思帶著春暖花開的氣息，些許低沉更添吸引力。喜歡別人的回應，能否更進一步無所謂，反而散發誘惑的魅力。不過一旦失去這樣的特質，不自覺的變得枯燥無味、尖酸刻薄。

丹田：神似老虎的能量，具有萬夫莫敵、拔刀相助的特質。

[A] 是丹田的聲咒。屬性丹田的人，性情的頻率與聲調，往往讓丹田神經系統負電過度充斥的人很受不了。在原始部落可能還保有一個傳統就是對立者，必須要採取對立的論調不得敷衍，這樣的角色就非常需要丹田的能量來執行所扮演的角色。

心：神似無尾熊的能量，具有不做炫耀、不離不棄的特質。

[B]是心的聲咒。屬性心的人，性情的頻率與聲調，絕不會是高亢的。當他要跟你說道理時，呈現著纖細的思維。忙碌付出忘了自己，不是心的本意也不是愛，只是想當然爾。快樂不是換來的，愛不需要有對象，像一陣微風拂面，感覺只在當下。

小腸：神似豬兒的能量，具有溫情相挺、有難同當的特質。

[O]是小腸的聲咒。屬性小腸的人，性情的頻率與聲調，像是回到童年一首唱不完的歌，蘊含與母親之間黏稠的情感，揮之不去。深懂被動中的主動，懂得動之以情，扮演絕佳的協商者。只是有時怕被拒絕，表現過猶不及，感到被孤立了的情傷。

藍波：

陰道／陽具：神似野狼的能量，具有目標分明、使命必達的特質。

[I] 是陰道或陽具的聲咒。屬性陰道或陽具的人，性情的頻率與聲調，有種特殊的穿透力，令人回味。非常有目標性，是個優秀的收藏家或者只是個有癖好者。自我主義強時難免有些魯莽，陰道與陽具正面能量時，見識到這真是位真情真意的真君子，女性亦然。

副腎：神似黑熊的能量，具有面對困難不輕言退讓的特質。

[T] 是副腎的聲咒。屬性副腎的人，性情的頻率與聲調，隱隱中有著低吼聲，像似收斂自己無窮的力量，看似衝突又可兼容並蓄，面對困難有時正面迎擊，有時落荒而逃，端看自己對勇氣的定義為何？副腎能量容易傾向於是別人的錯，所以我是對的。

膀胱：神似貓頭鷹的能量，具有掌握情勢，冷眼旁觀的特質。

[H]是膀胱的聲咒。屬性膀胱的人，性情的頻率與聲調，比較低緩，如果急促些，音與音之間不太明朗。喜歡冷眼旁觀。膀胱能量在沒有壓力時最懂得什麼叫放鬆的滋味，無意掌控時，妙趣橫生非常有幽默感，容易接聽四周的意見，否則總覺得自己做錯了什麼事。

腎臟：神似驢子的能量，具有擇善固執、忍辱負重的特質。

[U]是腎臟的聲咒。屬性腎臟的人，性情的頻率與聲調，聲音有種回音。能夠清晰地看出事件發生的來龍去脈，正辯、反辯都難不了，懂得如何解決問題，否則困惑不安。遇到老天有時開玩笑，對的變錯的，錯的變對的，會錯意、表錯情就不是什麼稀奇的了。

黃波：

脾臟：神似袋鼠的能量，具有善用權謀、跳脫束縛的特質。

[MN]是脾臟的聲咒。屬性脾臟的人，性情的頻率與聲調，很容易帶動氣氛，不經意的好似挑動別人或是被挑動般的興奮起來。偏好外在的注意力，不過一旦往內探索可能成為偉大的政治家或靜心者，在人類意識劃出光芒，成就永遠不滅的火苗。

胃臟：神似家狗的能量，具有收斂己見、以和為貴的特質。

[V]是胃臟的聲咒。屬性胃臟的人，性情的頻率與聲調，比較鬆軟，吃是莫大的享受，再加上浪漫的情境，花前月下，像是人間天堂。但是經常性忽略飲食的重要，演變出沒有緩衝餘地的態度，不易相處，也不易擁有與朋友們推心置腹的忠貞情誼，因而懊惱。

喉嚨：神似長頸鹿的能量，具有隱惡揚善、標立風度的特質。

[D]是喉嚨的聲咒。屬性喉嚨的人，性情的頻率與聲調，透露出黃金的質感不容懷疑，除非主人自己不確定自己所要表達的真實性，以致口吃了起來，忘了發揮自己的力量及表達早就擁有的力量。有時徘徊在父親不明的教誨或母親過度情緒的言教中無所適從。

舌頭：神似老鼠的能量，具有講究專業、劍及履及的特質。

[E]是舌頭的聲咒。屬性舌頭的人，性情的頻率與聲調，清脆好聽字正腔圓，加上乾淨的外表令人心儀，直言不諱的說話方式也常令人難以招架。放諸天下真理眾人皆同，但是眾人皆知的道德並不一定是真理，舌頭的能量詮釋真理而不只是講道理。

閃亮波：

尾椎：神似貓科的能量，具有我行我素、動靜皆宜的特質。

[J] 是尾椎的聲咒。屬性尾椎的人，性情的頻率與聲調，有點拉長的抖音，像是有條無形的尾巴。很警覺也較多疑，是位天才型的人物。重視隱私，能將創造力呈型於外，正面的尾椎能量人人嚮往，充沛的自我信任感，自在安樂。

延腦：神似大象的能量，具有穩定局勢、毅力不搖的特質。

[W] 是延腦的聲咒。屬性延腦的人，性情的頻率與聲調，有著冷靜平淡的聲色，表達像是不同世界的來客，不輕易吐露自己的想法，有時也會很八卦，談話盡是言不由衷，因而後悔。正面能量能夠臨危受命，展現不凡的危機處理能力，令人佩服讚嘆。

大腸：神似斑馬的能量，具有剛柔並濟、發揮影響力的特質。

[P] 是大腸的聲咒。屬性大腸的人，性情的頻率與聲調，有種令人不得不跟從的女性力量。主人的外貌顯得較為圓潤華貴，有時不怒自威，對環境的氣息相當敏銳，相對容易被影響，懂得合作的集合力道，否則任何事都要躬身自為，容易功虧一簣。

肺臟：神似天鵝的能量，具有懾服人心、優雅取勝的特質。

[Q] 是肺臟的聲咒。屬性肺臟的人，性情的頻率與聲調，讓人感受什麼是優雅，什麼是完善，什麼是歡樂，什麼是靈感，正因為如此主人也容易承攬外來壓力，心情備感沉重，覺得快要喘不過氣來，腦子裡有再多的壞點子也使不出壞，怎麼辦呢？深呼吸吧！

紫波：

雙腿：神似馬匹的能量，具有果斷決策、能力掛帥的特質。

[X] 是雙腿的聲咒。屬性雙腿的人，性情的頻率與聲調，似乎寡言，又彷彿不斷的無聲傾訴，讓有心人聽到。也可能因為惰性使然而自暴自棄，有能力做任何的事也有能力不做任何的事。按部就班總可以繼續走下去，攜帶過去式也要由過去式走出來。

手臂：神似猿猴的能量，具有攻守自如、分享成果的特質。

[F] 是手臂的聲咒。屬性手臂的人，性情的頻率與聲調，如同母儀天下的皇后恩威並濟，雖近卻有距離，如能主動伸出雙臂深情擁抱，對方酥軟融化，馬上感覺被愛的溫暖。手臂正面能量讓未來充滿著希望，反之對未來充滿著因未知而帶來的恐懼。

小腦：神似海豚的能量，具有聰明過人、善體人意的特質。

[YZ] 是小腦的聲咒。屬性小腦的人，性情的頻率與聲調，像是夢中的孩子，永遠不需要長大。呢喃的話語卻含著超然的理解力，突然的歇斯底里只為了躲開人間的權謀，或許只是自己戲劇性格的演出，正面能量可以跟宇宙同步，擁有無窮的潛力。

大腦：神似狐狸的能量，具有知人善用，為首是瞻的特質。

[C] 是大腦的聲咒。屬性大腦的人，性情的頻率與聲調，平穩中有些保留，同時滲透出不易察覺的傲氣。內在自有主張，容易陷入單打獨鬥疲於奔命。善於發號施令，如能知人善任更能發揮大腦的能量，統帥無兵還能有什麼勳功偉業呢？

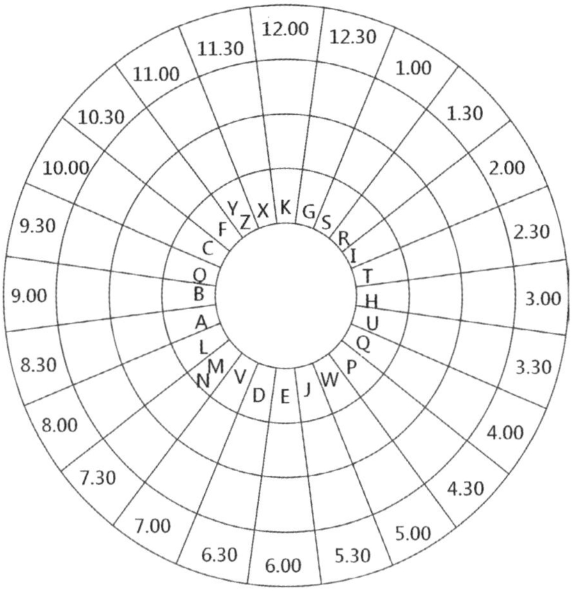
12.00
12.30
1.00
1.30
2.00
2.30
3.00
3.30
4.00
4.30
5.00
5.30
6.00
6.30
7.00
7.30
8.00
8.30
9.00
9.30
10.00
10.30
11.00
11.30
K G S R I T H U Q P W J E D V M N L A B Q C F Z Y X

右眼示意圖

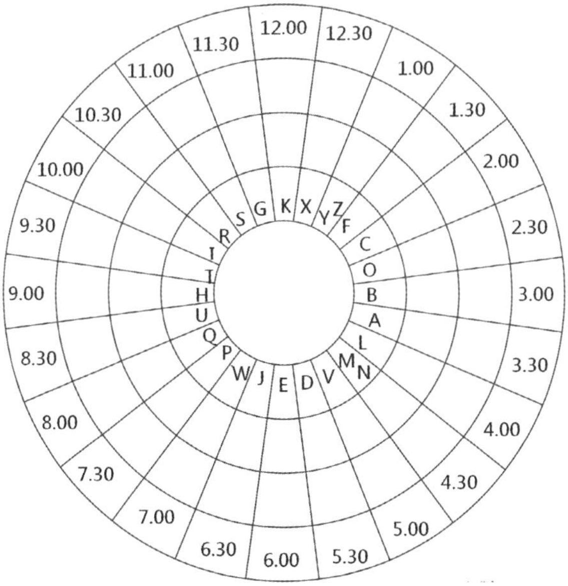
12.00
12.30
1.00
1.30
2.00
2.30
3.00
3.30
4.00
4.30
5.00
5.30
6.00
6.30
7.00
7.30
8.00
8.30
9.00
9.30
10.00
10.30
11.00
11.30
K X Y Z F C O B A L M N V D E J W P Q U H I I R S G

左眼示意圖

音咒與所屬器官對照表

（K音咒）十二指腸 Duodenum
（G音咒）胰臟 Pancreas
（S音咒）肝臟 Liver
（R音咒）膽囊 Gall bladder
（L音咒）卵巢 Ovaries 與睪丸 Testes
（A音咒）丹田 Hara
（B音咒）心 Heart
（I音咒）陰道 Vagina/ 陽莖 Penis
（T音咒）副腎 Adrenals
（H音咒）膀胱 Bladder
（U音咒）腎臟 Kidneys
（E音咒）舌 Tongue

（D音咒）喉嚨 Throat
（V音咒）胃 Stomach
（MN音咒）脾臟 Spleen
（Q音咒）肺臟 Lungs
（P音咒）大腸 Colon
（W音咒）延腦 Pons
（J音咒）脊椎底 Spinal Base
（C音咒）大腦 Brain
（F音咒）手臂 Arms
（YZ音咒）小腦 Cerebellum
（X音咒）腿 Legs

請先參考示意圖，試試自己的讀眼篇幅。

配合上附提供的左右眼示意圖，找出自己目前想要與內在溝通的途徑。記取精油的療癒功能，精油本身精妙的生命頻率，歡喜與使用者達成共識，彼此尊重，和諧共振，一起經由物質面轉化成心靈層面，藉由心靈意識再次的蛻變，安撫體貼此時此刻生命熱切的希望。

任何想要使用的方式，在於主人全然的參與，物我兩忘的片刻才是奧祕的途徑。感覺心跳，感覺脈動是非常簡單有效的開始。由靜心的禮儀展開美妙的意識之旅，一個回到源頭的神祕魔法，偏偏毫不稀奇，因為人人可以自由來與去。

我們可以在一旁點起薰香燈，在靜坐前或睡覺前，或者點個兩、三滴在手中摩擦生熱，再輕輕離朋友臉龐三、五公分處，拂個幾圈後再開始進脈點。或者自己隨興灑幾滴在髮際，讓精油的精靈更加熟悉彼此的舞姿，我們準備開始建立如此這般盡在無言中的交情吧！

適用於綠波：

〔K〕十二指腸 Duodenum（位於左、右眼正十二點中的位置）

十二指腸讓我們經驗到寧靜及內在平和的感覺。好像是氣度恢宏懂得金融運作的銀行家及儲蓄帳戶的累積財富。

在我們神經系統內，主管著有關金錢往來即隨之而來的焦慮，擔心有人會殘害你，或痛苦於刻薄傷人的言語，同時非常敏感於所有關於尊重及信用的話題。

窮的念頭帶給十二指腸能量流動不順暢的麻煩，扭曲了珍貴靜心頻道的收訊。強化窮的念頭，我們可能因而失去了自我的尊重，變成輕易地去批評自己所有的擔憂及考慮。

工作在十二指腸的神經系統，引導你進入平和寧靜的內在，彷如躺在綠油油的草地上，浸淫在令人放鬆的心跳節拍裡，使你忘掉所有外在的擔憂，嚐到了內在自然富足的滋味。

- **西藏脈動輔佐用專屬精油—財運瓶（鮮綠色）**

選用財運瓶，請將瓶子輕輕握住，

冥想自己被一片鮮綠光華籠罩。

允許身體十二指腸主導的能量屬性準備好與精油共舞。

這次的旅程，使用者以全然信任接受的心情，輕鬆地發出[K]的聲音，

短則三聲次，長則自己覺得盡興，

直到清楚感覺手中的脈動，然後，開始進行想要使用的方式。

配合脈點練習，可能轉化的情緒特質：負↓正（↓表示由負轉正）

整體	焦慮不安↓心情寧靜 凡事擔憂↓慎行警惕	貪婪矯飾↓身心豐富 喜擺架子↓卓越絕倫
思想	流露敵意↓享受時尚 習於狡猾↓獨特不拘	喜佔便宜↓具有品味 煽動不安↓性格實際
情感	神經衰弱↓備受尊重 不協調的↓調和性佳	沒有信用↓得好聲望 使人擔憂↓意願慈善
行為	毀壞名聲↓雍容華貴 意圖分化↓重視感情	失去尊重↓擁有特權 舉止不敬↓樂於捐贈

〔G〕胰臟 Pancreas（位於左眼 11：30，右眼 12：30 的位置）

胰臟是個非常甜蜜的器官，同時照料著體內糖份與毒素的處理過程。並將過度黏稠使肝臟無法料理的液體分解掉。

胰臟表現兩種性格：一個是抗拒所有享樂和樂趣的好好先生，一個是極端放蕩不羈，沉迷於任何可供給娛樂的傢伙。

它是我們創造力的來源，導向正確的途徑，知道如何去做。胰臟型的人可能因為對某事著迷，終於成為工作狂、酗酒者或是怠忽職守者。很容易便成對集體制度反感及抗拒的社會邊緣人。

工作在胰臟的神經系統，將清除過去嗑藥、酗酒等的慣性，使痛苦轉化成快樂。打開我們的創造力，以慶生的方式治療自己。

- **西藏脈動輔佐用複方精油—風格瓶（蘿綠色）**

選用風格瓶，請將瓶子輕輕握住，

冥想自己被一片蘿綠色的光華籠罩。

允許身體胰臟主導的能量屬性。

使用者以全然信任接受的心情，輕鬆地發出[G]的聲音，

短則三聲次，長則自己覺得盡興，

直到清楚感覺手中的脈動，然後開始進行想要使用的方式。

配合脈點練習，可能轉化的情緒特質：負→正

整體	精神錯亂→秩序整頓 曖昧不清→具有決心	形容失真→翻譯傳神 過度激情→示範論證
思想	酗酒享樂→意義通達 虐待濫觴→與人和諧	沉迷毒品→有建設性 放肆猖狂→榮耀受勳
情感	宗教狂熱→擔待承諾 自我抗拒→毅力十足	過度熱忱→勇於奉獻 太過果斷→重視實驗
行為	反社會型→具備風格 急於報復→舉止恰當	蔑視挑釁→懂得選擇 怠忽職守→名望芬芳

〔S〕肝臟 Liver（位於左眼11：00，右眼1：00的位置）

肝臟能感知道安全感及穩定性的意義，像是我們內在的母親，大樹般的由根輸送養分給枝葉花朵們。

假如我們在早期童年與親生的母親疏離，肝的生物電能受挫，使得成長的過程中，不自覺地尋找一些代替品來滿足口腔的需要。例如冰淇淋、巧克力、啤酒等使人沉醉又可揮霍的感覺。可是這些引起意志消沉的事，很快地使我們覺得罪惡感。

一直尋找潛意識對我們覺得愧疚的人，可以像媽媽般照顧我們。得不到的沮喪感，有時在非常黑暗的時候，會浮起自殺的念頭。

工作在肝臟的神經系統，將拿掉你肩膀上千百斤般的負擔，讓你覺得你自己是多麼的根植大地般，身邊的朋友都可感到被庇蔭及涼爽的感覺。

- **西藏脈動輔佐用複方精油—安心瓶（暗綠色）**

選用安心瓶，請將瓶子輕輕握住，

冥想自己被一片暗綠色的光華籠罩，

允許身體肝臟主導的能量屬性準備好，與精油共舞這次的旅程。

使用者以全然信任接受的心情，輕鬆地發出［SOON］的聲音，

短則三聲次，長則自己覺得盡興，

直到清楚感覺手中的脈動，然後開始進行想要使用的方式。

配合脈點練習，可能轉化的情緒特質：負↓正		
整體	抑鬱寡歡↓具安全感	執著不放↓不執著的
	失落感的↓充實新鮮	憂傷神迷↓心情愉快
思想	變相抑鬱↓具創造力	逐漸退化↓振奮人心
	不恰當的↓富有魅力	無安全感↓值得尊敬
情感	混亂困窘↓永存不朽	降格以求↓相互推崇
	不入流的↓令人安心	過度負擔↓可靠性高
行為	有罪惡感↓光明正大	茫然若失↓英勇人士
	優柔寡斷↓破除因襲	心煩意亂↓令人敬畏

〔R〕膽囊 Gall bladder（位於左眼10：30，右眼1：30的位置）

膽囊代表著我們內在喜歡在高高的藍天上享受飛翔的鳥兒。同時也讓我們意識到獨立與自由的意義。不管如何，在面臨生死存亡交關之際，會變得非常積極，提供免疫功能及必須逃生而活下來的能量。

想要擁有很多很多的希望，一樣得面臨谷底般的絕望，而變得越來越沒有信心。這樣子的慣性循環，被稱為「狂躁型的沮喪」。

嫉妒是來自於膽囊情緒失調的習題，失去了個人內在的自由，而阻礙了彼此真心相愛的浪漫佳話。

工作在膽囊的神經系統，這心跳脈動的力量。讓鳥兒不再做無謂的抗拒，信任的由牢籠裡出來，享受生命自由自在的飛翔。

・西藏脈動輔佐用複方精油—自由瓶（奶綠色）

選用自由瓶，請將瓶子輕輕握住，

冥想自己被一片奶綠色的光芒籠罩，

允許身體膽囊主導的能量屬性準備好，與精油共舞這次的旅程。

使用者以全然信任接受的心情，輕鬆地發出[R]的聲音，

短則三聲次，長則自己覺得盡興，

直到清楚感覺手中的脈動，然後開始進行想要使用的方式。

配合脈點練習，可能轉化的情緒特質：負↓正	
整體	狂躁沮喪↓獨立自主　極力排斥↓坦然包容 自我敗陣↓獨具性的　斷定罪行↓耐心解決
思想	侵略性壓抑↓具觀察力　沉迷癖好↓守本質的 施展誘惑↓固守美德　依靠別人↓自律自重
情感	循環精神病↓充滿希望　嫉妒猜疑↓可信賴的 驕傲自負↓珍惜友誼　過度渴望↓個性樂觀
行為	人格分裂↓充分授權　消極抗拒↓可確定的 過失累累↓願意讓步　人生絕望↓親切和氣

適用於紅波：

〔L〕卵巢 Ovaries 與睪丸 Testes（位於左眼 4：00，右眼 8：00 的位置）

卵巢與睪丸發揮生物學的功能，就是製造出另外的新生命來，同時也可以創造出自己的新生命，一個保持熱愛充滿活力的新生命。

當生命力減低，負電充斥在這個電氣循環裡，女性面會顯露出尖酸刻薄的嘴臉，男性面則只知對爭權力求證而失去對人的接納性。

工作在卵巢與睪丸的神經系統，能量能夠平衡而順暢的流動，我們感覺到生氣盎然而心滿意足，使底輪的能量，光彩地直升而起。

・**西藏脈動輔佐用複方精油—魅力瓶（棗紅色）**

選用魅力瓶，請將瓶子輕輕握住，

冥想自己被一片棗紅色的光華籠罩。

允許身體卵巢、睪丸主導的能量屬性準備好，與精油共舞這次的旅程。

使用者以全然信任接受的心情，輕鬆地發出［LA］的聲音，

短則三聲次，長則自己覺得盡興，

直到清楚感覺手中的脈動，然後開始進行想要使用的方式。

配合脈點練習，可能轉化的情緒特質：負↓正		
整體	精神性崩潰↓充滿活力；零落鬆散↓附著力好	退化變質↓魅力十足；發抖膽小↓難以抗拒
思想	早期癡呆↓滿足喜悅；形同阿諛↓變成有效	敗壞貪污↓特殊氣質；昏睡無生氣↓一切合意
情感	性無能者↓絕佳角色；誇張荒謬↓有影響力	不起勁的↓令人傾心；懶惰遲鈍↓難以征服
行為	更年期反應↓帶動流行；性冷感症↓懂得時髦	唐突粗暴↓值得信任；崩潰解散↓喜色熱情

〔A〕丹田Hara（位於左眼3：30，右眼8：30的位置）

「丹田」雖然不能說是一個器官，卻是我們生存力量的源流，也是身體免疫系統的中心。當我們從不允許自己是隨著內在力量的催促而移動，自我控制就變得容易多了。

可是，我們的丹田卻因而收集了過多負電的充斥，而顯得軟弱，有時為了在別人面前要表現強壯些，只好找些理由來發脾氣。

時常靠發脾氣來表現強壯些，反而使有些女人對男性能量的誤解，愈形狹隘的關係，導致生理上產生陰道發炎、白帶過多的症狀而受苦。

工作在丹田的神經系統，把冷火帶入丹田生物電能的電氣循環迴路裡，將融化掉憤怒的情緒或是恐懼於強盛的力量，再次經驗生命無瑕的神性光輝。

・西藏脈動輔佐用複方精油－力量瓶（鮮紅色）

選用力量瓶，請將瓶子輕輕握住，

冥想自己被一片鮮紅色的光華籠罩。

允許身體丹田主導的能量屬性準備好，與精油共舞這次的旅程。

使用者以全然信任接受的心情，輕鬆地發出[A]的聲音，

短則三聲次，長則自己覺得盡興，

直到清楚感覺手中的脈動，然後開始進行想要使用的方式。

配合脈點練習，可能轉化的情緒特質：負↓正

整體	戀母情結↓力量湧現	污辱攻擊↓膽大心細
	冒失無禮↓個性活躍	支離破碎↓堅定不移
思想	神經衰弱↓通情達理	疲憊不堪↓具實質的
	嫌惡的抵抗↓卓越絕倫	怯懦膽小↓協調對準
情感	習慣附和↓無以反駁	天真幼稚↓成為主要的
	角度偏向↓專心一致	反動份子↓不受影響
行為	體質纖弱↓有保護力	不適應症↓往內向的
	困窘之味↓妥協群體	愛反駁的↓謹慎穩重

〔B〕心 Heart（位於左眼 3：00，右眼 9：00 的位置）

我們的心單純只想與另外的心一起跳動而自然地覺得快樂。只是在我們的生命歷程裡受苦於無數的驚嚇，以致我們大腦的防禦系統取而代之，使心的自然功能益形萎縮。

我們因而開始築起對愛的幻覺，想永遠獨佔一個人，這種「愛之夢」不可避免的會衰退，會失去，而到了夢醒時分，隨之而來的悲傷與苦悶的懷舊之情，代替了過去的快樂，滿懷受苦煎熬的情緒，我們不自覺地對自己憎恨了起來。

工作在心的神經系統，我們隨著心跳溫柔地融化，曾經圍繞在心中的寒冰與疼痛的感覺，讓愛再次復活。愛是沒有制約、沒有條件的，讓愛溫暖自己也溫暖別人。

- **西藏脈動輔佐用複方精油—真愛瓶（深紅色）**

選用真愛瓶，請將瓶子輕輕握住，

冥想自己被一片深紅色的光華籠罩。

允許身體心臟主導的能量屬性準備好，與精油共舞這次的旅程。

使用者以全然信任接受的心情，輕鬆地發出[B]的聲音，

短則三聲次，長則自己覺得盡興，

直到清楚感覺手中的脈動，然後開始進行想要使用的方式。

配合脈點練習，可能轉化的情緒特質：負↓正		
整體	神經衰弱↓快樂的心 常失望的↓覺得滿足	不能接受↓能接受的 抵觸矛盾↓有區別的
思想	混亂型憂鬱↓透視能力 假裝虔誠↓具機動性	未遂報酬↓可強烈的 過分傷悲↓精力充沛
情感	深感挫折↓具實踐性 無防備的↓不屈不撓	幽禁抑鬱↓自我表達 性急激烈↓溫和道地
行為	情緒不穩↓成為成熟 很沒耐性↓能力解析	嚐盡苦味↓預備好的 空虛難受↓能負責任

〔O〕小腸 Small Intestine（位於左眼 2：30，右眼 9：30 的位置）

小腸是我們與母親內在的聯繫，就在肚臍的位置上。我們曾被餵養了九個多月，同時所需要的溝通也是經由同樣的管道被傳遞著。

深信每位母親深愛她的孩子，從子宮內就擁有這樣被愛的感覺，母子間熱愛的心情，也是我們學習如何聯繫對愛的感覺。

透過肚臍的索狀組織，我們感覺到愛的情感，無疑地成為母親所擁有的寶貝。爾後藉由小腸也經驗到被拒絕的痛苦，及照顧我們或被我們所需要的人離開的痛苦。

因為母親，我們學習如何表現才可以得到我們所需要的，同時透過她，也建立了害怕被拒絕的恐懼。深入底層我們相信如果我們是不屬於某人的，我們無法經驗到愛，因此變成關係中彼此擁有的角色。

工作在小腸的神經系統，我們想要給我們的母親歇會兒，來解除小腸的緊張，然後我們能感覺現在自己是可被愛的，及充滿感情自主的成人了。

- **西藏脈動輔佐用複方精油—濃情瓶（粉紅色）**

選用濃情瓶，請將瓶子輕輕握住，

冥想自己被一片粉紅色的光華籠罩。

允許身體小腸主導的能量屬性準備好，與精油共舞這次的旅程。

使用者以全然信任接受的心情，輕鬆地發出[O]的聲音，

短則三聲次，長則自己覺得盡興，

直到清楚感覺手中的脈動，然後開始進行想要使用的方式。

配合脈點練習，可能轉化的情緒特質：負↓正		
整體	壓抑情感↓濃情蜜意 佔有慾強↓願意分享	被動退出↓格新論者 難以接近↓有效行動
思想	抱住不放↓精神和諧 孤獨寂寞↓適應良好	侵略性收回↓衷心示好 容易不滿↓激勵表現
情感	被動依賴↓誠心臣服 尖銳吝嗇↓具有雅量	善於哄騙↓具影響力 疏離冷淡↓無所隱瞞
行為	被動侵略性↓容納的智力 侵害他人↓可反諷的	侵略性的↓應對適宜 輕易叛亂↓正確夥伴關係

適用於藍波：

〔一〕陰道 Vagina/ 陽莖 Penis（位於左眼 10：00，右眼 2：00 的位置）

陰道／陽莖像是在我們的人體上早就安裝好的自動駕駛系統。

性生活有障礙，往往開始於用腦過度的人，不自覺成為大腦指向。腦子很硬，其他的就硬不起來了。或是被商業式的性慾煽動，有太多的想像與認同，即使輪到自己真槍實彈上演，也很難感到滿足，很快地也將影響到任何的親密關係，或是無法有親密關係。

工作在陰道及陽莖的神經系統，可以經驗到做愛是由心來主導，表達我們生命中莫大歡愉的性能量，讓意識開始能夠換檔，往上提升在兩人接觸時剎那的發生，蛻變成自然交融，無上喜樂的風流。

- **西藏脈動輔佐用複方精油—探險瓶（青玉藍色）**

選用探險瓶，請將瓶子輕輕握住，

冥想自己被一片青玉藍色的光華籠罩。

允許身體陰道／陽具主導的能量屬性準備好，與精油共舞這次的旅程。

使用者以全然信任接受的心情，輕鬆地發出[I]的聲音，

短則三聲次，長則自己覺得盡興，

直到清楚感覺手中的脈動，然後開始進行想要使用的方式。

配合脈點練習，可能轉化的情緒特質：負↓正

整體	青春期癡迷↓驅動力足	粗劣魯莽↓真情關心
	不情不願↓有效率的	儲藏癖性↓肯流動的
思想	精神夢幻症↓發明新知	甘受危害↓冒險精神
	受束縛的↓無限制的	虛弱無力↓精神充沛
情感	男子淫慾↓握有主權	病態殘忍↓能執行者
	喜逞威風↓能被僱用	支配慾的↓自有主張
行為	被動侵略性↓容納的智力	侵略性的↓應對適宜
	侵害他人↓可反諷的	輕易叛亂↓正確夥伴關係

〔T〕副腎 Adrenals（位於左眼 9：30，右眼 2：30 的位置）

副腎腺的位置剛好覆蓋在腎臟的上頭。讓我們感受勇氣及覺知的意義，正如英勇的雄性們。

副腎提供使人激動、緊張、顫抖、感到毛骨悚然，及演出餘興節目的娛樂效果，傳送出荷爾蒙來挑起性慾的變化。

負面使我們擔心未來的前途而扮演起犧牲者的角色，產生因為有壞人，所以可能會有可怕的事情要發生之類的偏見。有時忙著去偷窺別人。捕風捉影的行為，只是逃避自己去正視自己的問題。

當只有外在繁華的物質世界及有形的成就，才能挑動你的慾念時，我們失去了與自己情感真正聯繫的需求。

工作在副腎的神經系統，我們將力量轉還給心跳。放下躊躇不安的腳步，拾回遺忘在午夜黑暗裡珍貴純然的人類覺知。

- **西藏脈動輔佐用複方精油—勇氣瓶（皇家藍色）**

選用勇氣瓶，請將瓶子輕輕握住，

冥想自己被一片皇家藍色的光華籠罩。

允許身體副腎主導的能量屬性準備好，與精油共舞這次的旅程。

使用者以全然信任接受的心情，輕鬆地發出[T]的聲音，

短則三聲次，長則自己覺得盡興，

直到清楚感覺手中的脈動，然後開始進行想要使用的方式。

配合脈點練習，可能轉化的情緒特質：負↓正		
整體	過度緊張↓富有勇氣 種族偏見↓保持覺知	敵意憎恨↓警覺性高 懦夫行徑↓足以勝任
思想	憂於恐怖↓適應現狀 反覆無常↓不易傷害	想法骯髒↓識別情況 無能勝任↓調整推論
情感	風頭主義↓願意掩護 冒瀆不敬↓義務演出	令人討厭↓有自信的 競爭對抗↓自我保衛
行為	偷窺淫癖↓有保護力 設立禁忌↓足以委任	使人洩氣↓適應力強 鬼祟卑鄙↓言行一致

〔H〕膀胱 Bladder（位於左眼9：00，右眼3：00的位置）

膀胱是我們身體內控制所有液體的總舵手，讓我們經驗深深潛入海裡而放鬆的感覺。使冷眼旁觀而保持警惕的觀照者，一樣進入寧靜海般的靜心境界。

需要尿尿卻又面臨不得不憋住的狀況時，製造了壓迫感。又如我們逼自己太緊，一樣容易製造出壓迫感，甚至只是放鬆一下都不行，還得扣上莫須有的帽子。

強烈的善惡觀念及害怕當眾出糗的恐懼，開始於早期童年尿濕了床，或是脫褲子時被恥笑，而驚嚇了膀胱的生物電能。

勢利眼是壓迫症候群俱樂部成員的特徵，憂鬱症也是會員之一。剛開始覺得是別人做錯了什麼，接著覺得是自己做錯了什麼。

工作在膀胱的神經系統，幫忙除掉所有阻撓你放鬆及享受靜心深度的吵雜聲，尤其可幫忙受苦於皰疹的朋友們盡快地脫離苦海。

・西藏脈動輔佐用複方精油—輕鬆瓶（深藍色）

選用輕鬆瓶，請將瓶子輕輕握住，

冥想自己被一片深藍色的光華籠罩。

允許身體膀胱主導的能量屬性準備好，與精油共舞這次的旅程。

使用者以全然信任接受的心情，輕鬆地發出 [HUM] 的聲音，

短則三聲次，長則自己覺得盡興，

直到清楚感覺手中的脈動，然後開始進行想要使用的方式。

配合脈點練習，可能轉化的情緒特質：負→正		
整體	飽受壓力→掌握局勢	蓄意攬局→認真投入
	牽強附會→放鬆心情	故意監視→人品特殊
思想	失禁遺尿→手法傳統	諂媚逢迎→調整規則
	偽善矯飾→坦然率直	容易失控→確實創立
情感	憂鬱臆想→有吸引力	悲痛逾恆→價值相稱
	無法預定→有節制的	做跟隨者→自發自願
行為	火爆個性→即興而作	陷於苦惱→通曉事理
	煩惱不堪→懂得裝傻	保持疏遠→不介意的

〔U〕腎臟 Kidneys（位於左眼8：30，右眼3：30的位置）

腎臟具備了淨化血液的功能，為此也負起了外在世界社會倫理道德行為爭議的難題。

對女人來說，自然呈現出女性特徵的智慧；對男人來說，同時具有接受性，陰柔的氣質。否則當腎臟的功能無法運作良好時，女人厭惡自己的女性特質，男人歧視女人，而變得粗糙而惡劣。我們失去了澄澈的察覺度而被困惑，及自我的投射所取代。

德國的文化傳統即是腎臟的頻率。很好的例證，證實了他們好似天生具有的優越感及嚴厲階級組織的想法。轉化這些對立及兩極化，我們可以清楚地看我們所看的，而只感覺片刻的存在。

工作在腎臟的神經系統，自然的顯現女性面的接受性，明朗的意識引導我們進入內在無烏雲為垢的天空。

・西藏脈動輔佐用複方精油—鎮定瓶（淺藍色）

選用鎮定瓶，請將瓶子輕輕握住，

冥想自己被一片淺藍色的光華籠罩。

允許身體腎臟主導的能量屬性準備好，與精油共舞這次的旅程。

使用者以全然信任接受的心情，輕鬆地發出[U]的聲音，

短則三聲次，長則自己覺得盡興，

直到清楚感覺手中的脈動，然後開始進行想要使用的方式。

配合脈點練習，可能轉化的情緒特質：負→正

整體	投射作用→思想清澈 自我中心→反應迴響	譴責過錯→根據理由 徘徊不散→深思熟慮
思想	人格解體→重生復原 悵然若失→可取之道	神職階級→沒有分野 糊裡糊塗→懂得創新
情感	性向不清→知覺出眾 困惑的人→鎮定自若	品行出軌→具有品德 喜給訓誡→廣闊寬裕
行為	想法雜亂→議定授權 高利貸者→被許可的	無能確知→具實質的 粗糙刺耳→有衝擊性

適用於黃波：

〔E〕舌 Tongue（位於左、右眼6：00的位置）

舌頭代表著我們對完美及精確的感知，告訴我們誰是有好品味及是否說實話。舌頭更是管轄我們力量的推動，當我們生起了慾望，它使我們全力以赴，以便得到我們所想要的。

它總是尋找新的、流行的事物，它就是要最新的，即使在親密關係裡，過一陣子之後就對身邊的伴侶覺得無趣，很快地又投入其他的懷抱中。它就是那麼的渴望，渴望獲得另一個新的，要多一點什麼更新鮮的。

舌的能量讓我們有個光鮮的外表，發出磁性的吸引力及難以抗拒的個人魅力。只要能忠實於自己的真情，則存在的慾望很容易地被實踐。

工作在舌的神經系統，讓真理的光亮在前面引導，融化太陽神經叢的緊張，秀出你道地的品味來。

• **西藏脈動輔佐用精油—真理瓶（檸檬黃色）**

選用真理瓶，請將瓶子輕輕握住，

冥想自己被一片檸檬黃色的光華籠罩。

允許身體舌頭主導的能量屬性準備好，與精油共舞這次的旅程。

使用者以全然信任接受的心情，輕鬆地發出[E]的聲音，

短則三聲次，長則自己覺得盡興，

直到清楚感覺手中的脈動，然後開始進行想要使用的方式。

配合脈點練習，可能轉化的情緒特質：負↓正

整體	慾望驅使↓真理同步	乖僻不良↓展現完美	滯延不前↓意氣相投	只顧收益↓不受妨礙
思想	局部麻痺↓自我信賴	有意詆毀↓非關服從	恥於自我↓自給自足	憂鬱晦暗↓原創性足
情感	耽於病態↓樹立榜樣	自欺欺人↓值得讚美	一概否認↓立好誓言	高傲不遜↓具備優勢
行為	盲目崇拜↓生存力強	性好貪婪↓彈性活躍	不合時宜↓心胸廣闊	如吸吮者↓軌道正確

〔D〕喉嚨 Throat（位於左眼 5：30，右眼 6：30 的位置）

喉嚨給我們感知什麼是真的，什麼不是真的，分辨有人虛偽或作假。我們的喉嚨可以表達自己的權威及決心的立場，可以毫不考慮地知道何者是純金真品，何者是仿冒製品。

喉嚨隱藏著爸爸的聲音，我們總是喜歡得到他的注意，接受他賞罰的標準，甚至我們已經長大成人有了自己的生活，依然以他的標準為標準。

溝通困難及口吃的起因，大致來自與父親的關係常常處於緊張的狀態，害怕他的威嚴及操縱家人生活經濟的能力。

工作在喉嚨的神經系統，轉化內在的困惑與懷疑，顯露自性的真實與純樸，享受一下吃虧就是佔便宜的清涼滋味吧！

・西藏脈動輔佐用複方精油—忠誠瓶（純金色）

選用忠誠瓶，請將瓶子輕輕握住，

冥想自己被一片純金色的光華籠罩。

允許身體喉嚨主導的能量屬性，準備好與精油共舞這次的旅程。

使用者以全然信任接受的心情，輕鬆地發出[D]的聲音，

短則三聲次，長則自己覺得盡興，

直到清楚感覺手中的脈動，然後開始進行想要使用的方式。

配合脈點練習，可能轉化的情緒特質：負→正

整體	深為懷疑→依循真實 卑躬屈膝→互惠受益	消極委靡→主張證實 聽任擺布→自然流露
思想	得失語症→具安定力 好於辯解→適時切題	不法之徒→具促進力 習於欺騙→生活充實
情感	慣性口吃→有辨別力 態度輕蔑→忠誠可靠	優柔寡斷→自動自發 憤慨不平→具耐久力
行為	自閉症候→懂得宣傳 容易認命→擅長鼓勵	慣於否定→積極改良 輕易拒絕→高度忠實

〔V〕胃 Stomach（位於左眼 5：00，右眼 7：00 的位置）

胃是我們友誼的觸角，感覺其中的快樂與平等，給我們感知到地球上所有生物的友誼，甚至有能力與宇宙高層意識取得聯繫。

胃喜歡月圓的晚上，浪漫的燭光晚餐，伴著玫瑰花，清柔的音樂在耳邊裊繞，念著如此羅曼蒂克的想法，令人沉醉。負面實則催聲促促，過度食用，像是在行使例行公事，義務般地強制自己去吃。

工作在胃的神經系統，允許心跳引導我們回到生命源頭，明白這只是我們對食物的飢餓感所帶來的負電充斥。一旦瞭解生命的需求原本無缺。讓自己全然而深入進入友誼的感覺中。

・西藏脈動輔佐用複方精油—浪漫瓶（金黃色）

選用浪漫瓶，請將瓶子輕輕握住，

冥想自己被一片金黃色的光華籠罩。

允許身體胃主導的能量屬性，準備好與精油共舞這次的旅程。

使用者以全然信任接受的心情，輕鬆地發出[V]的聲音，

短則三聲次，長則自己覺得盡興，

直到清楚感覺手中的脈動，然後開始進行想要使用的方式。

配合脈點練習，可能轉化的情緒特質：負↓正

整體	強制脅迫↓具同理心 輕易投降↓思想開通 強行需要↓能體諒的 偏袒己見↓忠貞不逾
思想	強制的吃↓有意志力 肥胖失寵↓沒有成見 甘於懲罰↓夥伴關係 根深柢固↓有教養的
情感	強制性格↓撫慰人心 投機主義↓適時適用 喜扮好人↓好規矩的 膚淺表態↓永久性的
行為	反應制約↓浪漫情調 貧窮困乏↓多樣化的 負面提案↓隨即補足 剝奪他物↓生活富足

〔MN〕脾臟 Spleen（位於左眼 4：30，右眼 7：30 的位置）

脾臟是我們靈感巧思及想像的泉源。在這個電氣循環裡，我們喜歡激起興奮感，而流連於越來越往外追求，直到某個臨界點，突然一切化為烏有。

脾臟是非常優秀的支持者，直到所有的幻夢覺醒，因為它從未得到有任何的回饋。

工作在脾臟的神經系統，我們燃起內在的火焰，更有深度地切入，消融所有的負電充斥及極化對立，享受內在飽滿多汁的能量，在寧靜中允許亢達里尼熱情地升起。

- **西藏脈動輔佐用複方精油—熱情瓶（橘黃色）**

選用熱情瓶，請將瓶子輕輕握住，

冥想自己被一片橘黃色的光華籠罩。

允許身體脾臟主導的能量屬性準備好，與精油共舞這次的旅程。

使用者以全然信任接受的心情，　輕鬆地發出［MN］的聲音，

短則三聲次，長則自己覺得盡興，

直到清楚感覺手中的脈動，然後開始進行想要使用的方式。

配合脈點練習，可能轉化的情緒特質：負→正		
整體	過度狂熱→具有熱情	四處散播→聚集會合
	用力克制→寬大為懷	落為預期→願意自動

思想	富狂熱型↓靜心品質 迷惑幻想↓自我延伸	黨同伐異↓不分裂的 默不關心↓純熟無垢
情感	精神狂熱↓鼎力支持 過度欽羨↓懂得鑑賞	過度興奮↓持久整齊 臨時性的↓有系列的
行為	尖銳狂熱↓十分傑出 誇張荒誕↓有說服力	蓄意破壞↓具有深度 輕言放棄↓大膽心細

◆適用於閃亮波：

〔Q〕肺臟 Lungs（位於左眼8：00，右眼4：00的位置）

肺臟是我們高功率的擴音機。只要能處於足夠的新鮮空氣中，是帶給我們樂趣及靈感的泉源。

肺臟非常敏感於任何型態形成的壓力，因此容易擺出息事寧人的低姿態，去應付生活上或人際上的衝突。

它又對什麼是對的，而且需要被即時糾正的事情，有很強烈的感受。喜歡接受執行不可能的任務，等到事後再以自我放縱、任性的行為來補償自己。

工作在肺臟的神經系統，可以從你的胸口拿掉一些壓力，讓你享受身心輕盈的感覺，及順暢地呼吸新鮮的空氣。

- **西藏脈動輔佐用複方精油—歡樂瓶（閃亮白色）**

選用歡樂瓶，請將瓶子輕輕握住，

冥想自己被一片閃亮白色的光華籠罩。

允許身體肺臟主導的能量屬性準備好，與精油共舞這次的旅程。

使用者以全然信任接受的心情，輕鬆地發出[Q]的聲音，

短則三聲次，長則自己覺得盡興，

直到清楚感覺手中的脈動，然後開始進行想要使用的方式。

配合脈點練習，可能轉化的情緒特質：負↓正	
整體	壓力強取↓歡樂啟示　嘲笑愚弄↓歌頌讚美 遲疑躊躇↓認可確定　心情沉重↓擴大增幅

思想	恍惚狀態↓想像豐富 對他人失去感覺↓好奇珍品	期待可能↓與眾不同 憂鬱悲傷↓統一一致
情感	自覺卑下↓指揮通路 抑制禁止↓不受社會約束	輕蔑藐視↓支持鼓勵 固執的失敗者↓不極端的
行為	廉價校正↓不做抵制 狹隘之意↓滲透力強	分散注意力↓一切適宜 想法壓抑↓結實扎根

〔P〕大腸 Colon（位於左眼 7：30，右眼 4：30 的位置）

大腸攜帶著可以調整大眾列對的威嚴，即是女性天生的力量，維持著體內十八個器官和諧地一起運作的律動。

大腸本身型態有三個階段：上升的、橫向的、下降的功能，完美的演出，合作無間。負面時，覺得你自己是被三振出局的，對人屈腰退讓。身體的反應則是容易得到結腸炎。大腸情緒化時會固執於自己的理想主義，而失去了原有與其他同伴的和諧節拍，隨之大腸抓住了壓抑自己情感的緊張。

能夠溫柔有勁地往腹部兩邊搔癢，是釋放緊張很好的小技巧。

在親密關係中，害怕分離的緊張留在左膝蓋中，能夠有意識地是放掉大腸的緊張，有助於左膝蓋的靈活。

工作在大腸的神經系統，經由心跳的力量，調整你的能量，回到與內在所有器官形成交響樂般美哉的節奏，重執女性英挺指揮的力量。

・西藏脈動輔佐用複方精油—如意瓶（銀白色）

選用如意瓶，請將瓶子輕輕握住，

冥想自己被一片銀白色的光華籠罩。

允許身體大腸主導的能量屬性，準備好與精油共舞這次的旅程。

使用者以全然信任接受的心情，輕鬆地發出[P]的聲音，

短則三聲次，長則自己覺得盡興，

直到清楚感覺手中的脈動，然後開始進行想要使用的方式。

配合脈點練習，可能轉化的情緒特質：負→正		
整體	固執妄想→節奏同步 經濟恐慌→有能力的	野心追求→有良心的 嚴酷激烈→射程遼闊
思想	結腸炎症→參與會員 虛偽的謙虛→參與別人	冷淡疏遠→外交參與 不同步的→內容滿意
情感	理想主義→協力合作 義務約束→社會道義	想法凝固→目標共同 累贅阻礙→沒有負擔
行為	衝突干擾→稱心如意 活動計算機→富於機智	自負自誇→沒有掛慮 堵塞遮攔→免疫力強

〔W〕延腦 Pons（位於左眼 7：00，右眼 5：00 的位置）

人們死亡的剎那，意識是透過我們身體中的延腦做最後的離開。

這裡我們經驗到融入性高潮全然的片刻，感知歸於中心，神聖恩典的優雅。

經驗到危機意識來自我們失去了中心感，或是無法記憶，因為延腦是我們人生的記憶庫，記錄了所有過去式的記憶。

孩子們的延腦無法承受性高潮帶來高電波般能量的衝擊；因此父母做愛時，讓孩子們同睡一張床將影響孩子們的延腦，如同受到性虐待般的傷害。

延腦高電流量的驚嚇，會引起暫時的失憶，使許多女人無法經驗到性高潮，也無法理解為何會有莫名的恐懼由內心深處升起的原因。

工作在延腦的神經系統，輕柔地引導你安全的度過危機，度過無辜受到性傷害的記憶，度過經驗瀕臨死亡的恐懼。

・西藏脈動輔佐用複方精油—非凡瓶（閃亮紫色）

選用非凡瓶，請將瓶子輕輕握住，
冥想自己被一片閃亮紫色的光華籠罩。
允許身體延腦主導的能量屬性準備好與精油共舞這次的旅程。
使用者以全然信任接受的心情，輕鬆地發出［WA］的聲音，
短則三聲次，長則自己覺得盡興，
直到清楚感覺手中的脈動，然後開始進行想要使用的方式。

配合脈點練習，可能轉化的情緒特質：負↓正

整體	緊急危機↓歸於中心 令人為難↓不可缺的	受擾亂的↓臨危鎮定 不雅觀的↓非凡個體
思想	健忘症↓自我瞭解 愚昧低能↓謙虛謹慎	虛榮自負↓參與合作 不知重點↓能量協調
情感	短暫過客↓提升位置 虛偽假裝↓視野提前	不妥協的↓取得成就 狂妄過度↓周密完善
行為	閒談八卦↓轉變推移 偽造之物↓不偏不倚	荒誕不經↓分類配給 悔恨遺憾↓擴展寬度

〔J〕脊椎底 Spinal Base（位於左眼 6：30，右眼 5：30 的位置）

我們不喜歡談論到肛門，即使它是我們身體的一部分，甚至視同無物，不願意去接觸。

它代表了我們最個人化、最隱私的部位，只能容許我們讓任何不必隱瞞自己脆弱無助的人看到。

童年被逼著做排泄訓練時，我們失去了最自然純真的感覺。莫名其妙的被打屁股或是正在學習走路，一屁股摔倒在地上的驚惶，烙下了被處罰的陰影。

只要願意放下執著於我們所想要的，足以克服得不到想要所帶來的失望感，讓釋懷的輕鬆感由內在的脊椎升起。

工作在尾脊的神經系統，底椎的緊張可以盡快地消除，允許我們的自性而真實的天賦自在地翩翩而來。

• **西藏脈動輔佐用複方精油—自在瓶（閃亮紅色）**

選用自在瓶，請將瓶子輕輕握住，

冥想自己被一片閃亮紅色的光華籠罩。

允許身體尾椎主導的能量屬性準備好與精油共舞這次的旅程。

使用者以全然信任接受的心情，輕鬆地發出[J]的聲音，

短則三聲次，長則自己覺得盡興，

直到清楚感覺手中的脈動，然後開始進行想要使用的方式。

配合脈點練習，可能轉化的情緒特質：負↓正

整體	偏執妄想↓安心自在 蒙受恥辱↓謙遜和諧	殘害逼迫↓單純簡樸 優柔寡斷↓共鳴迴響
思想	老年癡呆↓洞察力強 易受傷的↓平等相對	拒絕辨識↓有接納力 侷促不安↓與人協調
情感	多疑性格↓知覺力好 恐嚇脅迫↓懂得暗示	有蹊蹺的↓有感覺的 倔強頑固↓有彈性的
行為	色情花癡↓具道德學 不信任的↓願意寬恕	無禮羞辱↓複製再生 無規律的↓努力以赴

◆適用於紫波：

〔C〕大腦 Brain（位於左眼 2：00，右眼 10：00 的位置）

我們的大腦是一個極棒的電腦系統主機，操作我們人體中器官、肌肉及神經系統的功能。

當我們的神經系統受到傷害時，大腦的某個區域會像電腦當機般關掉在傳導神經上的檔案。一方面是透過肉體上的虐待，一方面則強烈的認同我們曾經經歷過的過程或狀況。大腦行為總是像是在執行任務般。

工作在大腦的神經系統，我們將幫忙消除在大腦循環電氣迴路上過多的負電。沒有緊張的對待自己，對似乎很愚蠢的事莞爾一笑，讓自己的內在愉快的成長愈臻成熟。

・西藏脈動輔佐用複方精油—尊貴瓶（鮮粉紅色）

選用尊貴瓶，請將瓶子輕輕握住，

冥想自己被一片鮮粉紅色的光華籠罩。

允許身體大腦主導的能量屬性準備好，與精油共舞這次的旅程。

使用者以全然信任接受的心情，輕鬆的發出[C]的聲音，

短則三聲次，長則自己覺得盡興，

直到清楚感覺手中的脈動，然後開始進行想要使用的方式。

配合脈點練習，可能轉化的情緒特質：負↓正

整體	精神病症↓克服環境 傲慢自大↓不冒昧的	使人發狂↓廉正誠實 失敗挫折↓實踐學習
思想	未能完成↓有幹勁的 保留錯誤↓中止召喚	憂慮掛念↓強健體魄 發展不全↓感覺本質
情感	宗教崇拜↓指揮統率 感情勒索↓權宜處理	自私自利↓有雅量的 有缺陷的↓知識來源
行為	精神併發症↓尊貴莊嚴 被剝削的↓革新復甦	好戰成性↓承受感謝 索求價碼↓同意贊成

〔F〕手臂 Arms（位於左眼 1：30，右眼 10：30 的位置）

手臂給我們的感知是平衡的。我們利用手臂支持及擁抱的感覺來表達我們的心意。假如我們失去了內在的平衡感，則傾向於懼高症，或因害怕與外人接觸，及對外做事的恐懼而封閉自己。

這些恐懼變成是壓抑或可能是自我毀滅及自我挫敗的行為。

工作在手臂的神經系統，我們用心接觸並調入在心跳的韻律裡，釋放圍繞在頸子及肩膀的緊張，讓自然而然的平衡感回來。允許手臂表達來自於內在的歡樂與欣喜。

- **西藏脈動輔佐用複方精油—慶祝瓶（玫瑰粉紅色）**

選用慶祝瓶，請將瓶子輕輕握住，

冥想自己被一片玫瑰粉紅色的光華籠罩。

允許身體手臂主導的能量屬性準備好，與精油共舞這次的旅程。

使用者以全然信任接受的心情，輕鬆地發出［FU］的聲音，

短則三聲次，長則自己覺得盡興，

直到清楚感覺手中的脈動，然後開始進行想要使用的方式。

配合脈點練習，可能轉化的情緒特質：負↓正		
整體	恐懼症↓對等統合 無能為力↓滿足需要	橫加阻擋↓正規標準 害怕作為↓勤勉專心

思想	極度恐懼→慈悲憐憫 吹毛求疵→歡喜慶祝	自我毀壞→容納和解 尷尬不安→救濟他人
情感	廣場恐懼症→呼籲救援 虛假請求→受歡迎的	與外隔絕→處變不驚 送出扔掉→動作敏捷
行為	幽閉恐怖症→正面影響 怕被遺缺→耐性毅力	迴避反應→身同感受 要求對質→繁華興盛

〔YZ〕小腦 Cerebellum（位於左眼 1：00，右眼 11：00 的位置）

在夜裡，小腦是我們睡眠裡舞臺上的演員。在白日裡興趣於消遣性的娛樂，並因而反映著我們的智力（I.Q.）。

舞蹈是表達自我的藝術，左右於小腦的牽動，如果小腦的操作神經受損，則影響到我們統合協調的原動力，或是強烈的疼痛。

有時整天感覺昏沉，不停的打哈欠。更嚴重的事是罹患歇斯底里症，無法控制情緒的發作，或是自我催眠般的到處行走的夢遊患者。

工作在小腦的神經系統，幫助我們找回內在的舞者，及有趣的嬉戲，也許讓美夢成真就發生在此時此刻。

• **西藏脈動輔佐用複方精油—潛力瓶（紫紅色）**

選用潛力瓶，請將瓶子輕輕握住，

冥想自己被一片紫紅色的光華籠罩。

允許身體小腦主導的能量屬性準備好，與精油共舞這次的旅程。

使用者以全然信任接受的心情，輕鬆地發出［ZAY］的聲音，

短則三聲次，長則自己覺得盡興，

直到清楚感覺手中的脈動，然後開始進行想要使用的方式。

配合脈點練習，可能轉化的情緒特質：負↓正	
整體	歇斯底里症↓適應方針　使人痛苦↓鎮靜沉著 極度痛苦↓福樂安康　邪惡缺德↓令人滿意

思想	轉向型歇斯底里↓增值發達 動機不明↓專注關係	受影響的↓飽經世故 失去方向↓擁有潛力
情感	戲劇性格↓勇猛無畏 聯繫無益↓最理想的	自我催眠↓專家能手 使人厭惡↓令人滿意
行為	反社會歇斯底里症↓管理保護 滑稽可憐↓使人感動	無法同時性↓準備好的 無能為力↓接受鍛鍊

〔X〕腿 Legs（位於左眼 12：30，右眼 11：30 的位置）

雙腿代表著男性及行動的力量，給我們有能力的、達到資格認可的感知。走路是一個連續性的邏輯反應，一步踏出後再踏出另一步，然後再來下一步。當我們內在是不和諧的，我們不知如何再走出下一步，不知如何去做下一步的決定。這樣子的情況被稱為像是「精神分裂」的狀態。（註：這裡的意思，不同於「知覺失調症」。）

當我們的雙腿經驗到無力感，我們喜歡逃跑，離開覺得會超過我們能力難以負擔的事情。我們隔離自己，時常讓自己在別人的關係中孤立起來。

工作在雙腿的神經系統，我們利用手及腳的接觸，將囤積在坐骨神經的緊張釋放。當能量能自由流動時，可以給你睿智的決定你的去向，並且經驗到內在平靜所帶來的喜悅。

・西藏脈動輔佐用複方精油—概念瓶（淡紫紅色）

選用概念瓶，請將瓶子輕輕握住，

冥想自己被一片淡紫紅色的光華籠罩。

允許身體雙腿主導的能量屬性，準備好與精油共舞這次的旅程。

使用者以全然信任接受的心情，輕鬆地發出[X]的聲音，

短則三聲次，長則自己覺得盡興，

直到清楚感覺手中的脈動，然後開始進行想要使用的方式。

配合脈點練習，可能轉化的情緒特質：負↓正	
整體	精神分裂症↓活動力強　不穩定的↓安頓下來 持對立論↓善意贊同　託辭躲避↓直接指導

思想	情感	行為
差距障礙↓正當合法	競爭角逐↓補償報酬	習於遁走↓構想概念
不合格的↓實際性的	懊悔自責↓熟悉常務	逃避現實↓給予援助
圍住關閉↓名副其實	自暴自棄↓理解能力	孤立隔絕↓會合關聯
慣於惰性↓致意問候	耗盡枯竭↓連續不斷	墮落迷途↓相識來往

第二十章

脈動功法實用篇

脈動技巧真的很簡單，基本條件靜心品質是必然的，兩人以上的連結，生物電能的串聯即時啟動療癒系統，這是生命的智慧與保證，內在的機制已經具足了，要的是我們的察覺與關照。

如果有莫名的頸椎痠痛、頭痛、眼睛痠痛，介紹大家用這一招：

找一個舒服的地方，放上柔美的音樂，給的人先平躺，如果拿的人在給的人右側，給的人先把右腿抬起，讓拿的人把頸椎輕輕枕在給的人膝上，頭放鬆地略為後仰，然後給的人再把右腿輕輕跨在拿的人的額頭上，（拿的人可以調整放的位置）再把自己兩個腳踝互搭。

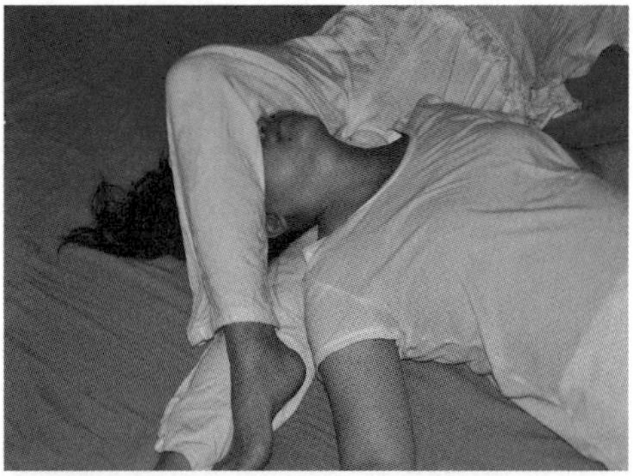

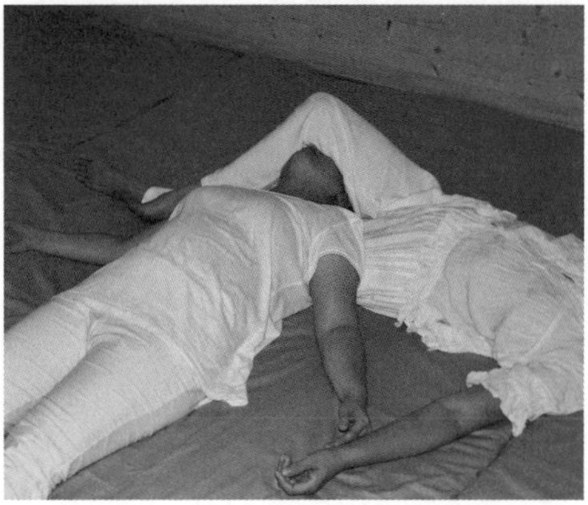

讓兩人都能絕對地放鬆。這樣的姿勢維持二十分鐘後，給的人再輕輕把上面的腿抬起來，拿的人讓自己的脖子慢慢轉動幾下再離開朋友的腿，兩人各自休息一下。

人多時可以照樣連結，給的人同時拿，拿的人同時給。

不用幾分鐘，再無感的人也能感受什麼是能量了，試試看吧！我們稱這樣的姿勢叫：躺在沙灘上。

幾年前有一家時髦的瑜珈中心，讓vidya去示範西藏脈動。脈動也可以說是一種瑜珈，只是跟一般人的認知有些差距，以為拉筋盤膝、前後彎左右拗的才叫瑜珈。其實只要能長期練習，有益身心靈整合的技巧都可以稱為瑜珈。

第一次就是用這一招把大家擺平的，脈動獨家絕活Pumping之一的「腳功」。首先讓拿的人臉朝下趴著，兩腿自然張開，給的人先坐在拿的人兩腿之間躺下來，臀部盡量靠近朋友後，將一隻腳的趾頭輕輕的、一點點的放在拿的人胯下，另一隻腳輕輕由上往下壓在尾椎上。感覺脈動，再把臀部慢慢抬起，讓臀部上下自然抖動五、六分鐘後停止抖動。把臀部慢慢放下來，讓自己的雙腿一邊到一邊的移動釋放緊張，雙腿回到中間後再重做一次。

這一招可以有效地減緩頭痛、失眠、心神不寧或者一些很個人化的隱疾。上紅波的第一堂課，一定是讓大家把尾椎的緊張清理一下（圖A），因為這裡隱藏著太多太多我們不想碰觸的情緒與驚嚇。想要多瞭解自己，請多善用這一招吧！

在脈動的瞭解裡，雙肩與手臂連結的地方有很多的脈點，主導著主人很多的情緒傳遞，保持能量順暢很有效的保持身心的平衡。肩膀代表現狀的承擔與過去的未了事宜，真是不可承受之輕，頂天立地就靠兩個肩膀一雙手在人間揮舞。

（圖B）如果是肩膀痠痛、五十肩、容易覺得沒安全感，讓我們用這一招。拿的人平躺，輕快好聽的音樂適合此時的脈動。給的人彎起膝蓋，臀部靠近拿的人的頭部，雙腳輕輕由上往下踩住肩膀，感覺脈動，再把臀部抬起自然上下抖動五、六分鐘後停，再把臀部慢慢放下來。雙腿一邊到一邊釋放些緊張後回到中間，休息一下再重做一次。再把雙腳離開，各自休息一會兒……。

（圖C）人多時也可以就同樣的姿勢連成一排隊形，單數拿，雙數給，然後交換，單數給，雙數拿。參與隊形的人通常覺得雙臂一陣陣酥麻，感覺跳動的電荷由指尖射出去。又是一個簡單有效、同心協力的脈動功法。做完保持平躺，感受自己的愛在蔓延吧！

我們的腹部以脈輪的說法歸在第二輪，代表族群關係，最為盤根

圖A

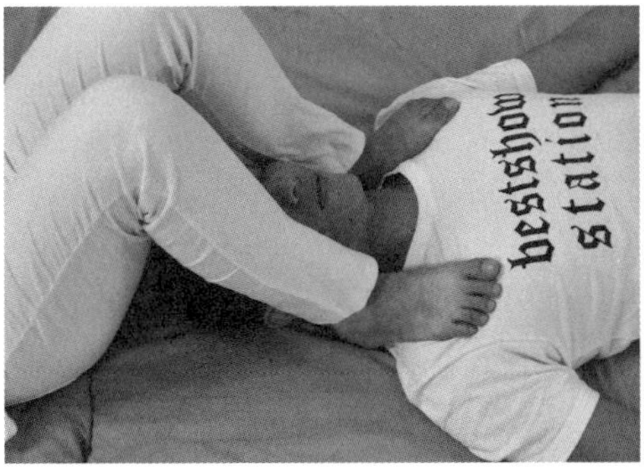

圖B

錯節的一個輪脈。剪不斷理還亂的愛恨情仇，都有個小儲藏室在我們腹部的某個角落。如果說第二輪對應第五輪（喉嚨）的話，難怪會描述成難言之隱……。

在脈動的入門課，會讓學員們先清理腹部的緊張。方法還是很簡單，拿的人先平躺，最好有輕柔的背景音樂。給的人先坐在腰側邊再慢慢躺下，一隻腳放在拿的人的腰下，一隻腳根壓在肚臍上或肚臍下三指處或再往下三指，然後腳根輕輕前後揉搓拿的人的腹腔，揉揉停停，十分鐘即可。腹部中線三個點試試看，各有不同的效果，上課會解釋，自己與同伴互做後可記下感覺吧！

（圖D）這個隊形是脈動一個很基本的能量連結生電器，電氣循環的標準結構法。我們用在兩天的示範課裡，因為多數人的參與，能量強到輕易地解開個體的障礙，障礙解開了能量又回饋給多數人，道理很簡單，方法很簡單，奇蹟很簡單就發生了……。

當然還有脈點使用技巧的配合，有興趣的話，請聯絡我們：

圖C

圖D

FB粉絲頁：西藏脈動屋

Google+：奧修新社西藏脈動屋

親愛的朋友與親人一起脈動，情感更好

三人隊型的能量啟動機（圖E）

脈動強效的原理：

一、靜心時的心脈連結。

二、連結多數人磁場增強。

三、完整的電氣循環。

四、渾然無我無分別的體驗。

五、深度放鬆意識能量歸零保持新鮮。

六、除舊佈新產生新的頭腦、新的認知。

七、無礙地回到心的頻率與存在共振。

圖 1

圖E

脈動設計的技巧是兩人或三人以上的連結隊形互做串聯，脈動練久了，能量具有穿透力，只要一連結，生物電能立即啟動更深層次的循環，路徑清朗，化解障礙。技巧是聰明地善用生理物質電氣化學的原理，說神祕是生命的神祕，說智慧是生命的智慧。

這裡要介紹的也是三個人的隊形。拿的人先躺下，最好是躺在軟墊上或毯子上比較舒服。給的人是兩位，一左一右先站在拿的人的腳踝側邊（圖1）。然後用雙手握住彼此保持重心的穩定，同時抬起一腳壓在拿的人的腳踝處（圖2），壓力的輕重請彼此調整停住再感覺脈動。三分鐘後左右邊同時把腳抬開自己先站穩，然後兩邊同時移到拿的人的小腿處（圖3）。同樣的動作加壓、調整、感覺脈動，三分鐘後抬開再移到膝蓋上方（圖4），再來是骨盆兩邊（圖5），再來是肩膀（圖6），再來是手臂（圖7）、手腕（圖8）。完成所有的動作後，給的人彼此鬆手，找個舒服的姿勢自己躺下來休息一下，再換人躺下，重覆上述的程序。

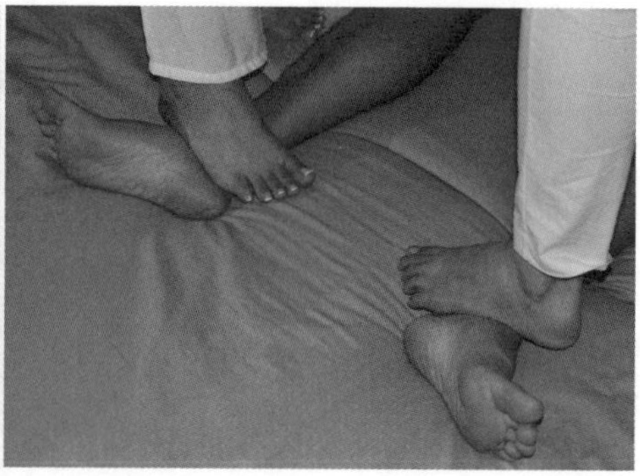

圖2

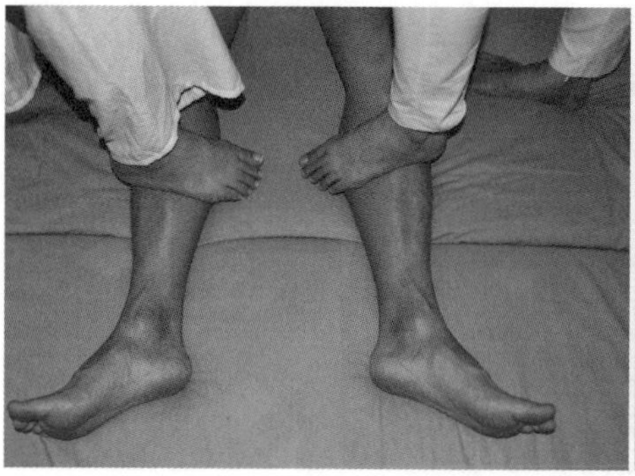

圖3

這個模型我們稱為：點燃內在的火。在脈動團體裡是給初學者很好的準備工作。我們往往不自覺在生活中身體擔待了那麼多的緊張，在肌肉裡在骨骼上。以脈動的瞭解，電流是附在骨骼上通行，把能量送回骨骼裡有助能量的順暢，所以我們常笑說心脈連結，祭起冷火煮骨頭。

我們清楚這方法的妙用，依樣畫葫蘆的朋友們，不妨也告訴我們，分享使用前使用後的心得喲！

脈動技巧的主秀是「抓脈點」。以脈動的瞭解，人體有如一個功能極為精密的電氣機器。交流電、靜電、磁電、直流電都很準確地互相交流，在交接點也能準確地變壓。也許是物理作用的關係，每個器官變壓點多落在骨骼的轉彎處。主導行為的「直流電」，多數在我們的四肢上，如手腕、手肘、腳踝、膝蓋，還有主導情緒的「磁電」，多落在身軀骨架的接合處。「靜電」

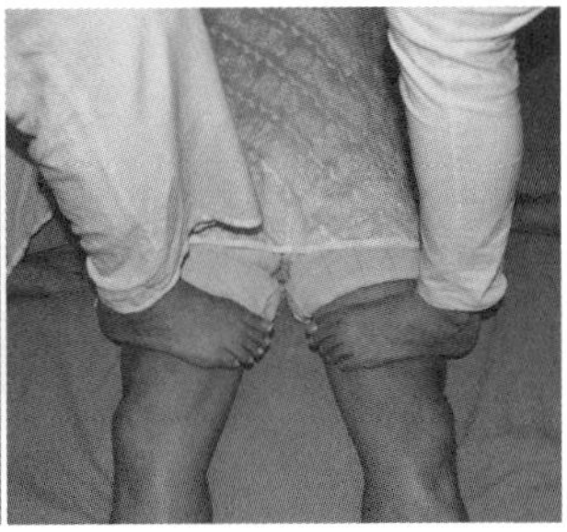
圖 4

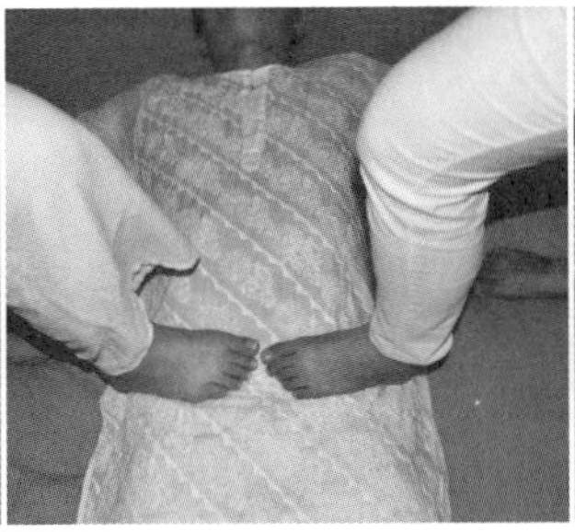
圖 5

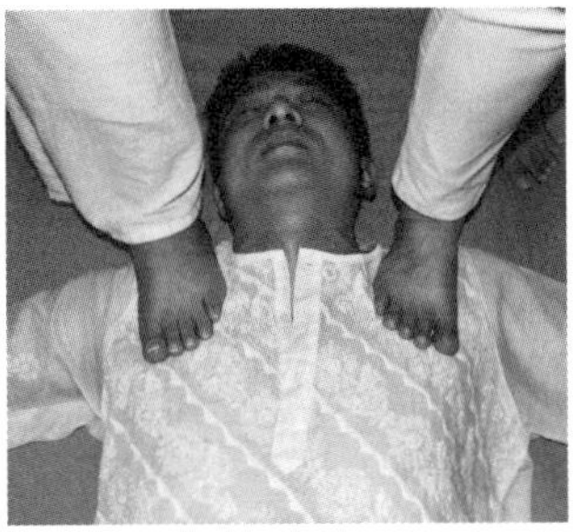
圖 6

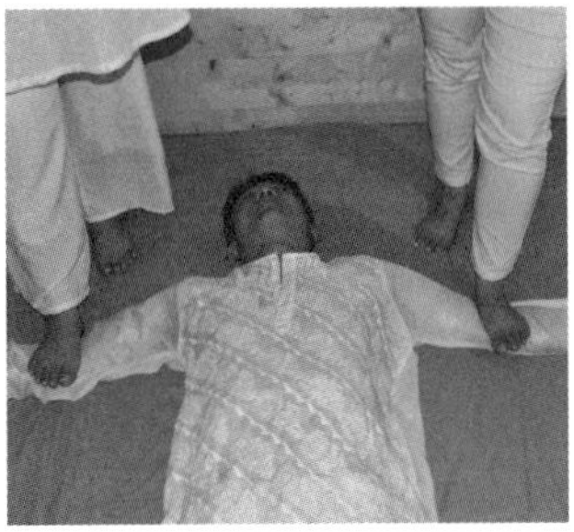
圖 7

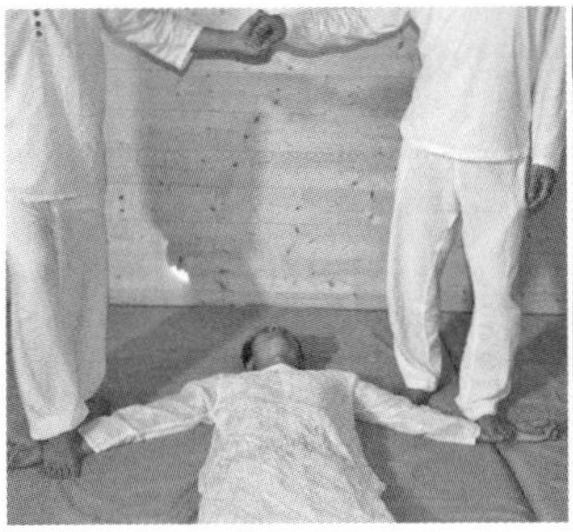
圖 8

則落在臉龐上。「交流電」散布在頭顱處。

執行抓脈點最好是先做 Pumping 再進入抓脈點。一定要兩手同時齊下，道理有如插頭，一定是兩個接點，一正一負，才能啟動電的流動。親人、朋友間的擁抱是那麼的滋養，一定是兩手臂環抱，心電相通。所以常提醒在脈動中的接觸，視同伴有如親人般的對待，希望對方如何溫柔對待就先對待相等的溫柔。

這裡示範的是兩手各抓兩邊的腳踝（圖9），這對情感迷惘不知何處是歸程的時候，有即時恢復懂得轉折的力量支援。尤其對老年人很有幫助，或者久躺床上的人。

另外也可以坐在一側，一手抓手腕，一手抓腳踝，感覺脈動（圖10）。這對心情的穩定很有效果，做完一邊換另一邊，每次至少二十分鐘。

所以以此類推，有痠痛的地方也可以脈動一下（圖11），要記得用雙手齊下。只是脈動著重在意識的蛻變，不是等痛了再來抓，而是平常就練習功法，才能深入潛意識理順意識不到的源頭，自我領悟自然水到渠成。祝福大家！

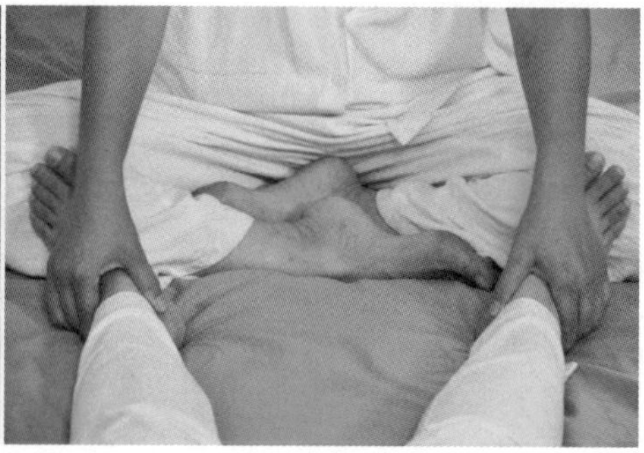

圖 9

圖 10

俗稱「脊椎」叫「龍骨」是很有道理的，（龍骨意指主架構）人體之始的造型由脊椎的架構開始搭建。以西藏脈動的瞭解，每個脊椎骨的神經系統直通各個所屬的器官，工作在脊椎有提綱挈領之妙。聰明的讀者們仔細看完書中提供的基礎資料，心中應該有個譜了。身體為潛意識的外顯，潛意識為身體的內涵。原來我們的思想、情緒、行為的角色如何粉墨登場，端看我們的器官、神經系統與脊椎的合作，讓生命能量無礙的行使身心靈相互運作之便，在我們親愛的身體裡成就人類意識的進化史，正如師父們指稱的道之門。

（圖12）曾經開過幾堂脊椎課，朋友們的反應是太好用啦！考慮了一下，決定把脈動脊椎器官對應圖公開，讓興趣意識蛻變的朋友們更能反觀自己最親密的伴侶，就是我們的身體。沒有身體，

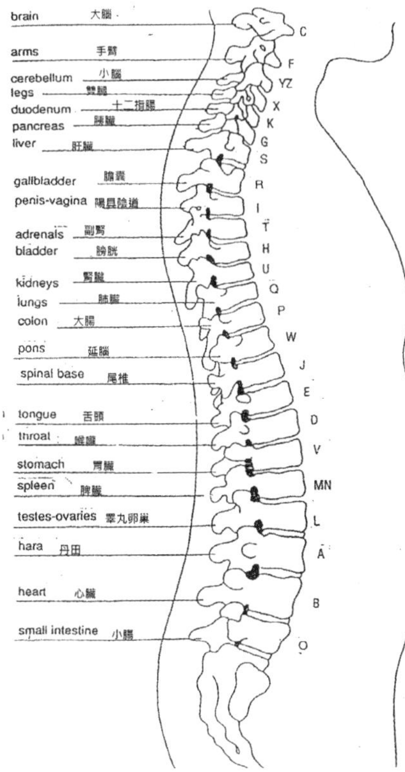

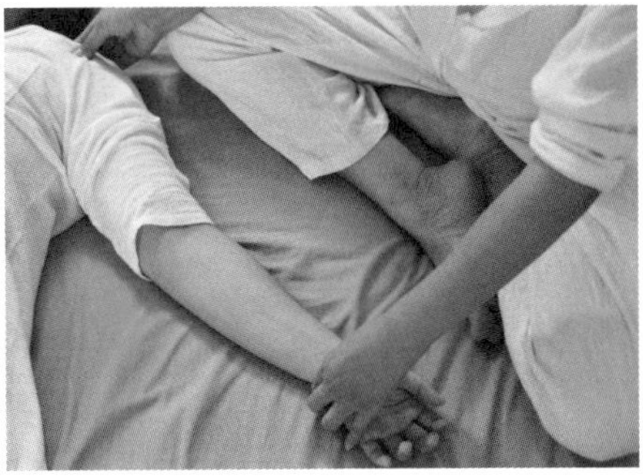

圖 11

靈魂無從依附，還能談什麼呢？讓我們生命能繼續談下去的，身體能量在脊椎神經系統的交通狀況，可是不能輕忽的重要關鍵了。

脈動脊椎課的技巧請先參考尾椎的腳功，及抓脈動的方式。拿的人先臉朝下，給的人先給腳功後慢慢起身坐在拿的人的側邊，左右都可。運用抓脈動的手勢，一手三指扣住尾椎底，一手頂住第八節脊椎骨（主導舌頭），平穩坐好感覺脈動，（圖13）至少二十分鐘。要繼續的話，扣住尾椎的手不要放，另一隻手慢慢鬆開移到第十八節脊椎骨的位置（主導肝臟），感覺脈動一樣繼續二十分鐘。（圖14）

拿的人臉朝下的姿勢也可以用側躺的，給的人改坐在背後，一樣一手三指扣住尾椎，一手頂著其他的脊椎骨，感覺脈動（圖15）。有喜歡的音

圖 12

樂響著有助調和氣氛。二十分鐘、四十分鐘隨意，然後給的人慢慢鬆手，兩人各自平躺，休息一會兒。

認真一點的朋友們可以翻到輔佐精油如何使用的篇幅，看看自己的情緒反應在哪一個器官屬性，也可以試試抓住想鬆綁的負電充斥的特定器官所對應的脊椎骨脈動。或者請朋友一個個的脊椎骨幫忙檢查，有痠痛的就停在那脈動吧！脈動絕不是浪得虛名，簡單強效，只是需要一些竅門而已，而最大的功臣是我們的心，我們的脈動。

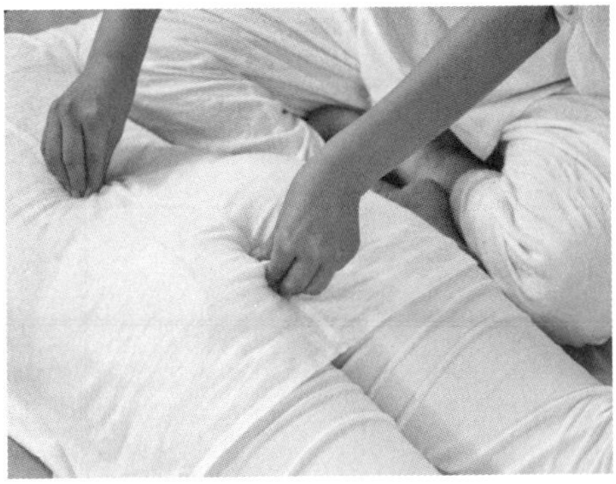

圖 13

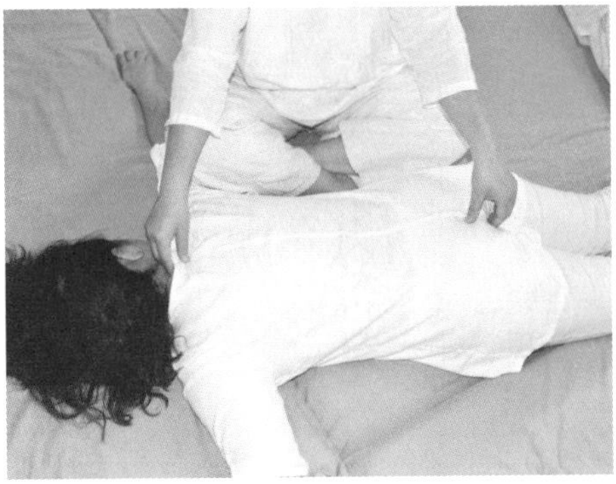

圖 14

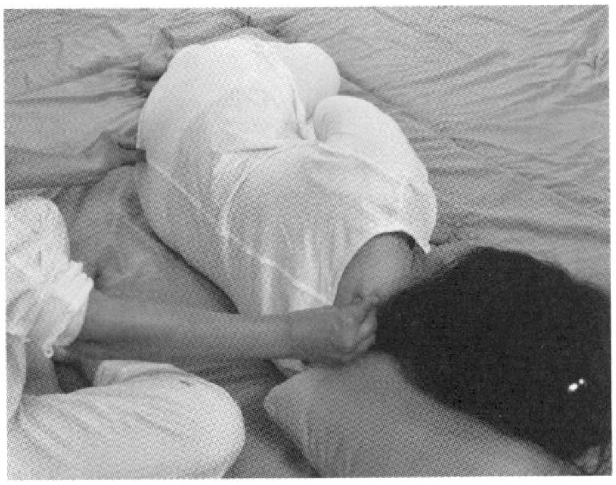

圖 15

第二十一章 西藏脈動示範課的緣起

就從媳婦在臉書的PO文做個開始。她三十出頭，是位特教老師。結婚後，萬萬沒想到，生完老二才知道老大有輕型的亞斯柏格症，為了孩子她到處上課，知道家中手足若多，對亞斯柏格症在人際關係學習信任大有幫助，她真的又連生了老三、老四，成了一位非常忙碌的全職媽媽。媽媽的愛實在太驚人了！

她說：

「婚後，和Vidya成為家人這麼多年，從來沒有主動要我認識或踏入西藏脈動的領域，只是默默在家人需要的時候給予幫助。

直到老大上小學出了狀況，而我慌了方寸，奶奶才主動詢問，願不願意試試脈動，但仍僅止於工作在孩子身上，奶奶還是不會主動找我。

脈動瑜珈強調腦神經的連結與疏通，我不懂學理的部分，但是孩子上小學後，情緒最穩定的時間就在接受5次脈動瑜珈後的三個月。

第二年的五月，有次在水面上水面下的亞斯家屬戲劇工作坊的聚會，聽到有人對靈修靜心這塊有興趣，隨口提到奶奶是奧修西藏脈動的帶領人，居然看到一些媽媽眼中的光芒！ㄜ……那就來體驗吧！我，也是第一次！

其實方法真的很簡單，三人一組，兩人給能量，一人接受能量，時間到了交換。

課程中，有些已經比較能自我察覺的家長，很快就有了能量的感受，而我，在過程中，一個聲音『何必呢？』竟然整個身心靈有如跳上彩虹般的輕鬆自在了起來，那些肩頭上的重擔沒了，本來需要很用力、很用力地告訴自己別在意的情緒，再也不需用力了！

這是我的美好經驗，你呢？」

六月初，媳婦邀請她認識的幾位家中有自閉兒或是相關領域的工作者，一起來體驗脈動的技巧，這是脈動在臺灣傳承十餘年第一次放低門檻，用較為簡化、適合大多數人的方式，讓大家很快進入能量的神祕領域。

做過的人回神來，大多不禁驚嘆：「好舒服呀！怎麼這麼放鬆？」看著大家一臉的祥和與恬靜，這樣的結果對我來說司空見慣，只是再一次思忖該如何廣傳功法呢？

也因為體驗過的朋友溫馨回應，與媳婦商量不妨正式開兩天的入門課，讓學習後的朋友們可以廣傳與分享，但必須叮嚀傳遞前自己需要勤練，直到自己心神領會，否則倉促交手，壞了名更使不上勁。

第一次的入門課，臺北的朋友有十五位，臺中的朋友有六位，剛好達到心中預定的人數，外加一位好友當助理，把紀姐家的客廳鋪得滿滿的。第一天上午盡量簡潔的解說脈動的原理與由來，詳細地示範脈點的位置及連結的技巧，臺中的老學員發揮了對脈動既有的瞭解，在新團體裡傳遞了安心體貼的頻率，讓示範過程非常順利。做脈動最不可忽略的，就是那不可言傳的整體感，毫無疑問的發生了。

進入連結，電氣循環啟動，熟悉的氛圍無時間性的散布融合增強，我看到的是在能量層次裡各取所需，卻又雨露均霑，接受者有的唇齒微張、魂遊夢鄉，有的鼾聲起落不知身在何處。

對初學靜心的人的第一步是觀察，給者有人看到腦內囂張的思緒來來去去，有的感受到腰痠背痛身體發麻，有人享受當下，有人應該心裡發著牢騷，不管怎樣，在脈動強勁的能量促進中，每個人自然地啟開了生命更高層的程式，身心靈的整合發生了。

第二天的分享，事實證明了，短短的實修，多年五十肩的痠痛無法平躺入睡居然得到整夜安眠，十幾年用盡辦法無效而困擾之至的濃烈地汗酸味沒了，無來由的腳腫消了，長期的沉重感不見了，痛到生氣的經痛沒了……等等。因為我們不是醫生，我們不談療效，我們不做宣傳，也不願彰顯，脈動工作在身體神經系統生物電能的整合性，移開生病前的原因，意識的蛻變才是關鍵，持續練習才是正道。

非常感謝臺中的朋友們一路陪著上臺北，幫忙整理場地，參與課程，讓初次體驗的臺北朋友們很快地感受協調和穩定的能量循環著。打破以往設門檻的脈動課程，兩天的入門課點起亮度，半天的工夫，個個神形到位，尊尊是佛。

入門課放掉學理上複雜的講解，重在體驗與分享，多數的朋友在脈動連結數分鐘後就有發麻發熱的感覺，外在的安靜造就內在的能量，串聯成大型的能量場，因個人的參與養成發電場般的充沛電流，短短二十分鐘承接轉合自動峰迴路轉，奧妙的身體智慧發揮神奇的機制，我們放鬆了也滋潤了，生命的奧妙再次見證了。

自己的勤練見越來越恬然自得的心性，在脈動課教學十餘年來，見習了人性無盡的轉折或退畏，或投射或防衛，這剎那間的蛻變有令人屏息以待的驚喜，也有倒抽一口氣的空蕩，有人留、有人走，卻不改對脈動的信心。

脈動的技巧沒有目標、沒有使命，在生活中觀察自己的思緒與行為，沒有幫助別人的念頭也能自然的付出與感恩，沒有需要崇拜的大師或教條也能深深的信任存在而自尊自在。

任何一種功法除了正確的帶領，學習者更要持續練習，就像游泳，會了水性就能享受戲水的樂趣與好處，否則容易自我敗陣，辜負生命的熱情與意識蛻變的渴望。

西藏脈動有種神祕的特質，懂得的人最受惠。我們常說脈動屋像是研究所，一樣的題目有千百種的討論，實驗最重要，經歷中察覺，那不可知的傳說讓自己親手打開吧！

一次的入門課，起個頭點個亮，告知此路可行，我放掉學理性複雜的解說，重在朋友們的體驗與分享，讓一向神經緊繃於家庭或職場的朋友們有機會嚐到深度放鬆的滋味。

看到大家真的認真想改善自己或他人的狀況，脈動適時發揮作用，讓滿滿的愛自然的溢出，能量順暢愛即時出席。在信任與放鬆中，意識蛻變，問題化解，靜心是容易的、簡單的、安全的，在每一個分分秒秒中。

當外在充滿著威脅與恐嚇，相信人生如此無奈只會使靈性委靡，切記質量不滅定律，沒有毀滅只是回歸，沒有末日只是轉化，沒有失去只是我執。人與人相處，意念相同都有療癒的功能，不管是否意識到，能量形成共振的協調性，自然的發揮安撫作用。

當下的擁有就是最好的，即使是讓我們覺得焦躁不堪的事，一個覺知，一個領悟，變成冷火冶煉世間無盡的幻覺，西藏脈動聰明地用實體的連結，很專業地直入潛意識，在源頭處輕解糾纏，重新甦醒能量的流暢。真相明朗，此時此刻，地獄變成是天堂。

奇蹟只是大自然的傑作，對脈動行者，不是要看奇蹟而是領悟生命本身就是了不起的奇蹟。有人面對困境一樣可以披荊斬棘，有人病痛纏身一樣可以樂觀助人，有人辛苦養家一樣甘之如飴。

但是大多數人卻茫茫然無以為依，就是少了一些助力，少了一些提醒，少了一些放鬆，這些甘露，脈動很擅長。一向低調自得其樂，不過脈動真的是存在的美意，不傳可惜，本來倦怠的心因為朋友們的支持而重新耕耘，大家一起來，脈動從未停止。

還是同樣的叮嚀：恐懼與緊張對世人一點助益也無，信任與放鬆的靜心品質才是存在的本意。我們是個體也是整體，個體沒了融入整體，沒有失去只有融合，多做脈動吧！

肉體的生存期是短暫的，靈魂卻是無始無終似的，從一個身體跳到另一個身體。而我們的身體是個可以自行發電、精密神奇無以匹比的有機體。

當父母陰陽能量會合，製造出讓我們靈魂得以依附存活在世間的身體，內設電氣迴路般的生物電能神經傳導功能，讓生命發揮一切進化而來的智慧與光華。

脈動的技巧是容易的，過程是豐富的，我們經歷一個觀照自己的真理，有光明有黑暗，有高興有悲傷，有美麗有醜陋，有平靜有崎嶇，慢慢地正向與負向的分野模糊了，原來正、負能量是一樣的，是來來去去的，緊張時我們苛責自己，放鬆時我們寵愛自己。

生命能量的本質透過神經傳導詮釋出不同的面向，這樣的瞭解可以意會脈動技巧的精準與強效是有道理的，是聰明的，一次次的練習中，看到習性的剝落，看到恐懼的融化，看到生命是如此的自由與活潑。

自己親身走過層層疊疊意識的洗禮，也親身見證朋友們的蛻變過程，只是過了十餘年才開竅似的在求精之時希望也能廣披眾生，雖慢但不遲，

但願讓這般妙法能夠在華人世界裡繼續傳承，不需要拉住任何大師的衣角，只有朋友夥伴間的平等共修，佛在心頭座當應如是了。

所以我把自己的實證與經驗分享出來，讓與趣意識蛻變的朋友們做參考，不管要做什麼樣的靈修或靜心活動，脈動是非常值得實修的基礎功，祝福大家！

第二十二章 西藏脈動屋在新社

2013 年三月中，我們如願以償地搬到新社鄉下只有幾戶人家的村落。鄰居有人養百來頭羊，也有人養百來隻雞，揮不去的鄉村味。我們的新家是鐵皮屋，不過沒有別人想像的糟，我們度過了一年的春夏秋冬，還是覺得過得很舒適。

尤其百來坪的院子是讓生活最有樂趣的地方，有龍眼樹、松樹、樟樹、香蕉樹、李樹、七里香樹……等等，我們覺得自己好富有。

我們也種了不少的香草植物，一年下來長得好極了，很有成就感。植物長得熱鬧卻讓環境更加寧謐，即使四周不斷有蟲鳴鳥叫聲！

一直希望有個專屬的西藏脈動屋，遠離塵囂擁抱大自然，可惜十來年從未實現！因為沒有向錢看齊，錢也看不齊，有願望、沒希望。

二十幾年前，奧修（OSHO）特地為 Dheeraj 在普那社區內建造了金字塔型的建築，給西藏脈動上課用，當時脈動是社區內學員最多、開課率最高的團體，為社區帶來最多收益的人就是 Dheeraj。

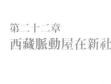

即使如此，奧修（OSHO）對 Dheeraj 的厚愛，難免引起其他人的眼紅，師父離開身體後沒幾年，圈內的人藉機讓 Dheeraj 離開社區。

離開社區的 Dheeraj 來到了羅馬落腳，同時遇見了甘成喇嘛願意將所屬的一個荒廢多年的場地給 Dheeraj 開課用。

二十幾位脈動人先去整理場地，把一個破舊荒涼、廢棄多年的老建築弄得有模有樣，等待其他的脈動朋友們由各個方向來再聚一堂。

離開社區離開金字塔，我們隨著 Dheeraj 就在義大利比薩附近的小山城，完成了西藏脈動第七波的課程，我們以為日後的脈動屋就在這裡了。

不料答應地方給 Dheeraj 使用的是甘成喇嘛，但是他的組織卻要求 Dheeraj 必須每年付出相當可觀的租賃費，讓 Dheeraj 寒心透了。

當初在社區團體帶領人是義務付出，出了社區還是得靠自己另外謀生。十幾二十年下來，Dheeraj 在社區名與利毫不成比例，到了義大利又是為人作嫁，想必是英雄氣短。

巧合的是，他真的不到三個月的時間就離開身體，放下世間的紛擾，結束了這一生的傳奇。我們不知道他是生氣了還是懶得再爭了，對他來說脈動的教導已經完整地交給脈動的朋友們了，其他就看每個朋友們的造化了！

回到臺灣要謀生，四十幾歲的女人還真難找工作，幸運的是西藏脈動在社區的名氣很大，臺灣的門徒有人不能去印度，知道我是唯一有資格給脈動的臺灣人回來臺灣了，他們有興趣學脈動。可是我根本不想教，因為覺得脈動根本是修道院級數的，社會人士怎肯一門深入？

可是真的是工作難找，為了有收入，順水推舟就開課了，沒想到由1999年到現在脈動課一直開。雖然朋友們來來去去，脈動在臺灣還真的保留了一條法脈，保留了道本，得以持續的傳承！

說到這，最覺得安慰的是在臺灣真的有個實體的西藏脈動屋了。小小的，在臺中新社的鄉下，很簡單很樸實，可是覺得好幸福。

話說我們很歡喜地住到鄉下來，幾個月前覺得朋友們來這裡一起脈動更好，一個決定把原來的舊儲藏室拆掉，用鐵皮改搭一個全新的空間，幾位朋友慷慨解囊把內部裝潢如同小木屋，我們的脈動屋誕生啦！

最感謝的是我的伴侶毫不猶豫地讓我動用他的退休金，搭建一個溫馨的西藏脈動屋，為的是讓朋友們有個歸屬感，即使遠在新社鄉下山坳裡，在這裡一起脈動，感覺就是很甜蜜、很窩心。

其實我們住鄉下，省吃儉用，老本用完此生終了，這是我們最愚昧的打算也是最實際的結論。只是十幾年在臺灣帶領脈動，見證朋友們的精進與蛻變，這樣的感動真的是鑽進靈魂裡去了。

這麼簡單強效的自療藝術怎能辜負？心頭總有迴盪的叮嚀聲，別誤了前人的智慧傳承，趕快交付給意願內在旅程的朋友們吧！

世間修持，財、侶、法、地缺一不成。感謝 Dheeraj 給了我們法，感謝脈動朋友們的侶，感謝我們終於有了地，至於財，我們一直覺得內在的富有從來不缺。尤其臺灣的脈動朋友們大都是社會中人，一面修持一面仍然努力工作，知足常樂的心應該是無形財吧！

不過脈動朋友們確實因為脈動的修持得財得利，得其所需，對我們來說也是種每個人自我選擇的生命歷程。讓脈動的能量支援生命歷程中的亮，保持觀照與覺知，在世間無所罣礙逍遙遊。

其實寫到這也不知下一步要怎麼走，一向是被動到被學員催著開課，不是不開而是希望朋友們多練習。但是年近花甲真不知能有多少時間繼續傳法，教學了十幾二十年還真有點納悶，怎麼根紮得深，芽卻長得這麼慢？

Dheeraj 曾經對我說，以前有數位仁波切告訴他，西藏脈動會回到中國大陸去。1998 年 9 月 Dheeraj 離開身體了，2014 年了，脈動還是窩在臺灣的一個角落裡。

當初 Dheeraj 是要把這技巧取名為「中國脈動」，是奧修（OSHO）說這技巧最源頭是來自西藏的傳承，所以就以「西藏脈動」之名延用至今。不過朋友說西藏脈動回大陸很危險，說真的，真不知道是什麼危險？因為奧修？因為西藏？

脈動屋三月完成，陸續朋友來做練習。脈動屋不裝冷氣，避開炎炎夏日，我們等到了十月秋涼才開始正式上課。上場的是睽違六、七年的閃亮波，十二位朋友共聚一堂，有些驚喜自己意願成真，在綠意環繞、沒有吵雜人車聲的舒適空間裡，開始了我們的第五波。

感謝朋友們每天往返來回各四、五十分的車程，由市區到新社，為了配合帶領人的意願有個安靜的上課場所。當然環境也充滿了友善的氣場，護著多年脈動的朋友們有個有質感的靜修之選。閃亮波繼續閃亮！

閃亮波順利上完，帶領人鬆了一口氣，這次的課好像容易多了，大家約定明年三月上紫波。小小的脈動屋花了近百萬，真正能上課的時間只有三、兩個月，容納的人數有限，說起來投資報酬率是負的。但是我們心裡的幸福滿足感是無以論計的，志趣一同，共修共享，人生夫復何求？

除了上課時間外，平常歡迎朋友來做練習，或者想來沾沾鄉野味，聽聽少有的寧靜。只限靜修的朋友們來，場地免費只要保持整潔。我們很重視生活的隱私與質感，但是鄰居魯莽時，我們也只能容忍不與爭論，繼續享有大自然的恩賜。脈動屋能存在多久算多久，吾道不孤，吾願足矣！

朋友說有個自己的團體場地，再遠也不嫌遠，何況台灣這麼小。以前在羅馬要大家碰在一起練習，需要大費周章的喬時間，然後車程三兩個鐘頭的趕。現在新社的脈動屋已經是恩典了，對於某個層面像是要下山的旅客，兩手越空越好的脈動行者，心中已經有個燦爛的笑意了。

住在山邊狀況很多，所以特別感謝一位好鄰居：大隆先生。他好像是土地公派來的護法，幫了很多很多的忙，讓我們能夠安居於此，讓脈動得以有個落腳的窩。總而言之，感謝存在，感謝親愛的脈動朋友們，感謝我們小小的脈動屋在新社！

第二十三章 西藏脈動在臺北

一年多以前臺北的謝醫師來臺中做了一個個案，做完離開後音訊全無。因為脈動屋移到新社鄉下，朋友來一趟大概會考慮交通不易路程遠。有天對臺中的脈動朋友說：好吧！外面有邀約我就去。向來疏於社交往來，要我出門教課是興致缺缺的，突發豪語還得乾笑一下以示絕非戲言。第二天謝醫師來電邀約北上開課，聞言心想：存在回應的效率好高呀！

謝醫師積極安排，呼朋喚友，甚至為自己的四位員工付費參加。她的告白是手指頭放在口腔的特定點上四十五分鐘，讓她多年隱隱作痛的腰傷不見了，太好奇了，想學的念頭一直掛在心裡，無意中向翁女士提起她的想法，上課需要場地，翁女士慨然相借。八月中十三位新朋友在舒適的場地及她熱情的照料下，我們完成了兩天的入門課。以下是謝醫師上完課後的紀錄：

「脈動工作紀錄：這次體驗課共13人，有三人自述沒有特別感受。其中兩人有腫瘤且都服用安眠藥多年，可能是安眠藥讓神經系統受到抑制（但貴春平時靠安眠藥不一定能入睡，脈動課時卻睡了好幾次，昨天練習時她連給脈動都能坐著睡著）。雲林來的朋友也沒有特別的感受，不知是否因靜坐多年，神經系統的負電已清理乾淨。秋對家庭付出很多，尤其是娘家，不斷需索的母親經常帶給她精神上的壓力，脈動課後她能感受到內在的寧靜和感動。娜第一天課後就腹瀉到清晨四點，之後四肢感覺較輕盈，前天也來和我及貴春練習　，美少女工作在心時，感覺身體消失了，整個人成了搏動的心臟，回家後嘔吐。第一天胃痛的朋友回家後反應很多，很多不適，本來前天說要一起練習，臨時有狀況不來了，請她睡前工作20分鐘，抖掉當天的負電。負電浮現是療癒的機會，只怕她又逃開了，可惜了脈動的工作，我會持續的關照她。護理長上完課隔天高燒（39.5）喉嚨痛，三天燒退了，完全恢復正常。放不下家事的員工第四天開始兩個膝蓋痛到行動困難，今天還在痛，她有時心口不一，習性還很重，還好還願意繼續 pumping。小魚上課時能量最流動，內在暖熱到週五還持續，只 pumping 暖熱又上來（可能太極氣功及劍道為她打下很好的基礎），她很願意繼續上課。母女檔的女兒睡眠品質較好，需要的睡眠時間減少，精神卻更好。我的能量持續流動中，足心及手掌特別明顯，尤其手掌一陣陣的能量湧動及發熱，昨天工作在心時（我們工作在心及丹田），我的手掌和接受者的脈點連結成搏動的心臟。博士說平時有做一些保養，所以很難分辨，不過前一天睡得少應該會累精神卻維持住了，只是正巧要保養的火元素（小腸）在課堂上碰觸到了，所以對她而言她得到她要的。」

難得遇上謝醫師願意為大家做一個簡單的脈動工作紀錄，也呈現她的慧心與熱忱。帶領脈動多年，種種不同的反應已經習以為常。朋友們心脈連結，抓住特定的脈點，靜靜二十到四十五分鐘，奇蹟發生了。過程的好壞看個人的詮釋，參與的人不管感覺如何都是各取所需，啟開能量的運轉，雨露均霑。

我們的身體中生物電能量正、負電荷總是在平衡與不平衡裡不斷地微調著，如果身體沒有負電，大概要羽化成仙了，也不用靜坐了。二十幾年的浸淫體會，任何的功法入門屈身謙虛方能受益。

同樣的技巧每個人的反應不同，稍作反思應該理解，被觸動的當然是自己內在有意無意間窩藏的魅影。當下趁機省察，願意為自己的生命負責，智慧的意義即時匯集自己的認真反觀，否則再偉大的教導也無能為力。當初做脈動也很鈍，沒啥反應，只知道這功法有苗頭，勤練之餘才慢慢理解Dheeraj的教誨，深深感恩。沒感覺是自我的保護意識，因為有感覺，接著得臣服，否則一樣擦身而過。自我樂於我執，臣服免談！

自己的體驗還有朋友們的見證，有時還是拗不過頭腦的狐疑？技巧這麼簡單，怎麼這麼有效呢？所以很興趣於涉獵科學醫學等的知識書籍，而且越看越是拍案叫絕。脈動一點也不玄，非常的科學也非常的人性，相應之下對我們的身體智慧充滿了崇敬與感激，有生之年，身體從來未曾辜負我們，從來未曾離棄我們，只有愛與支持。沒有健康的身體，修行為哪樁？又何其難呀！

電腦的普及化，身體像是內建的網際網路的說法，已經慢慢被接受與理解，這跟西藏脈動技巧為何強效的原由有了互通的證道。根據傳統中醫的理論，人體有一套經絡系統，深植於組織內部，所謂的氣是一種無形的力量順著經絡通行，維護生命的安危。

脈動創始人原籍美國，經由中國道教師父的教導、西藏上師的開示，以及自己內生的靈感與實驗，融合了一套讓西方頭腦能夠跟隨的學習系統。東方人說的氣與西方人說的電，會合成脈動技巧中的能量屬性，透過更簡單容易的方式，讓身體的能量經由心脈的連結，啟動大於個體的容量，大於個體的磁場，療癒發生了！

身心靈是整體的，是不能切割的。根據一群科學家的協力合作，彙總一套理論來詮釋人類意識的本質。神經系統的微管與樹突就相當於身體的網際網路，腦部的每個神經元都可以同時登入。並藉由量子過程同時與其他所有的神經元對話，幫助調度雜亂的訊息，協助體內律動共架總體的相干性，並促使同調訊號，讓脈動傳遍身體其餘部位。這樣的理論導出一種異類的思維：意識是整體總現象，發生在身體的任何部位，不只是在腦部。意識的最基礎組合就是同調的相干性。（分子性質互相能溝通因而合成同個調幅的頻率）

有科學研究顯示宇宙間的每個分子全都有種獨特的頻率，與世界交談採用的語言就是共振波。DNA是最重要的光儲及生物光子的發射來源。在身體內部觀察到生物光子振動能夠促進分子共振並發出獨有的驅動力量，健康的光子發射，除了自身的節奏也依循大自然的生物節律，協調身體一切運作的過程，反之有病症的則失去與自然週期協調的韻律，甚至失去相干性，內部溝通受到干擾。不單是肉體的物理化學作用，當然觸及情緒與靈性，或是精神領域，統稱意識的！

脈動的學習裡，我們一直點出意識蛻變的過程與體悟是生命最基礎的瞭解。透過技巧的練習，我們分秒不離生物電能的巧妙琢磨，每次四十五分鐘的時間，換回自身的協調性，增進同調的相干性。與朋友們心脈的連結，驅動力更強，內部運作的溝通更順暢。我們的技巧建立在自身整體頻率的協調運作，靜靜的、無為的，身體奧妙的智慧自動的重啟。原來這就是西藏脈動瑜珈被稱為強效的原因吧！簡單的、容易的、安全的在當下的每一個片刻。

九月中，謝醫師表示入門課裡有六位朋友想繼續上脈動，因為十月臺中上進階課，新朋友不宜。因此約在十一月底在臺北另開 Pumping 課，怕 Newmind 一坐四十五分鐘有人受不了。隔幾天臺北朋友來，認識了劉女士，非常認真生活的一位美女，見她臉上透著隱隱的哀怨，瞭解以後知道她的哀怨是有理的；答應她，如果願意來脈動，這一層哀怨很快會掀掉。

一向不做任何承諾，居然一時義氣填胸出口允諾。沒多久，謝醫師通知劉女士要來上課，沉思幾日，為了她決定將 Pumping 課改為 New mind 課，信任朋友們既然可以走半步，再多走一步也不難，居然其他的朋友都同意，心裡真是感激大家的信任。不過上 New mind 比光上 Pumping 有趣多了！

後來又有幾位臺北的新朋友想參加脈動課程，入門課放手給安排的朋友決定，但是 New mind 還是依照慣例上課前先見面聊聊以確定是否適宜上脈動。畢竟要忠於技巧的深度療癒，過程非尋常的又讓常理能對話。話說在先，不是繳了學費就算數，沒有靜心的基礎或意識蛻變的意願，難免誤解或難以融入，浪費彼此的時間與精力或金錢。現在朋友們較瞭解為何婉拒不宜來上課的人，求精不求量，堅持之下，脈動精神在臺灣得以依然存在，有點浪漫有點天真，自得其樂。

因為臺北幫忙安排課程的是謝醫師，前來上課的朋友都與醫療有關，其中一位醫院護理長擁有林林總總的能量測試儀器，以親身參加脈動的測試結果，更加肯定自己想把心靈能量以科學印證帶入醫療體系裡的研究是正確的路徑。

甚至希望有一天嚴謹學習系統的能量療法與靜心技巧，能夠成為醫學院的必修學分，培養每天接觸病患的醫療人士，有個更寬廣的靈性質感服務受苦的人。必然會有不流於世俗的解套功力，免於惡性醫療的無奈循環中。

據說每個人離開身體時馬上甚麼通都有了，急什麼？好好享受擁有身體的日子，好不容易搶著來人間一趟，卻著急著要靈魂出體，為啥呢？擁有身體時我們一樣有靈通，也就是所謂的潛力，所謂的覺察力，總在意識清明時得以發揮。智慧的身體有個保護機制，不收莫須有的訊號，免得干擾日常的作息，瞭解的人知道是神經系統的能量流暢靈則通，而無需接收片片段段，似是而非的雜訊，以通靈之名獲得自我的癡迷。

十一月上完閃亮波後北上見見臺北的朋友們，希望西藏脈動在臺北有個理想的場所做為定點。感謝臺北翁女士提供溫馨的空間及滿懷的善意，讓脈動朋友們可以共聚共修。一月份又上了一次入門課，氣氛更熱絡了，相約過年來脈動屋過個紅波密集班加鏡子靜心。還在台中閃亮波強勁的餘波中，又要準備進入初始的紅波課程，一番滋味在心頭。其實自己嬌媚的青春是在臺北渡過的，為了西藏脈動在臺北，重溫舊地的懷舊情懷，總是有那麼點動心的時候，等等我！臺北！

第二十四章 後記分享篇

天大、地大、心最大。心在則不枉在人間走一遭。用心教學是能護著脈動傳承的信念，脈動教學讓我與朋友們相遇共修共扶持，脈動教學養我的身心，讓我有著優質的親密關係，與其說是教學不如說是分享，希望人類意識的蛻變多一份助益。

因為勤練脈動而可以看朋友的器官屬性，可以看能量七步曲的動向，同時映照自己的學習，常常莞爾一笑。只是脈動帶領人不好當，脈動技巧像是直搗黃龍，龍蛇乍醒、張牙反噬。情緒一來，投射反作力最近的對象就是帶領人。所以大部分團體帶領人跟學員是保持距離，或是保持神祕感，而脈動帶領人則一向坦蕩蕩，瞭解我們都在路上有幸同行罷了！

一念之間決定命運，什麼樣的個性造就什麼樣的命運，這是常識，那知識呢？脈動教學的經驗裡，看到的是朋友練脈動，能量的變化即使常人也可感覺不同。電壓平穩、電流順暢，神經系統盡責的傳遞訊息，大腦盡責的分派工作，心自在當家……道理很簡單，各司所責，各盡其事，正、負能量都有權利演出。因為生命的故事就是靠能量不斷地流動，承接轉合的物理化學所呈現的創作品，不可能事事完美，也不可能樣樣糟糕。琢磨的是一顆自在無礙的心。

Dheeraj說他是人體電氣工程師，知識就是體驗中的覺知。人體就是長期演化進展極其精密的有機電氣體，極具智慧也極為敏感，同樣也有優良的保護機制；例如情緒心理過度驚嚇而突然昏迷，或是腦筋一片空白，或是一切動作暫停，這是人體的保護機制啟動，避免電流超載危害生命的持續。但是再有類似的情景容易形成機械式的短路或跳電，讓主人停留在過去式的恐懼裡，能量趨緩滯延。而生命最重要的意義是，能量要順順暢暢活在愛的國度裡！

當初Dheeraj轉述喇嘛耳語，脈動技巧原屬紅教的密法不外傳，也許因而失傳千年。Dheeraj乘願而來公諸於世，在普那社區殷勤傳法。也許真的是密法，深修確實不易，還好身邊的朋友們仍然在塵世中精進，繼續傳承。在書中甘冒不諱把脈動功法首次付諸文字以饗公眾，雖是基本功，還是很有勁的。試試看吧！

邀請脈動朋友們經驗分享，有的客氣，有的拒絕，有的樂意，有的害羞。回說：如果你們的分享能觸動某些人的心，不是很美嗎？我們不是寫詩歌、寫文學作品，只要真誠即可。即使有人覺得脈動不好，一樣照登一字不改。世間事哪有一切都好？走到第五步，什麼都不好，有情緒想發洩。但是脈動裡，負面情緒也是能量，與其發洩最好是轉化。真的非發洩不可，請帶著覺知，免得過度氾濫，耐心點加把勁，第六步轉進第七步，意識蛻變了，體認脈動的力道是為了超越頭腦兩分法的桎梏罷了。此時回頭笑笑，心念一轉，四兩撥千斤哪！

來自 Friya 的分享—練西藏脈動的心得

翻閱了一下從認識什麼是西藏脈動的第一堂課，紀錄的時間是 2005 年。不算短的時間，自問也不怎麼努力學習，但這些年來發生在自己身上的經歷真是精彩萬分。事實上是越來越體會到自己在意識上有了多大的轉變才能改寫人生的劇本。除了自己的勇氣與接受更感恩 Vidya 的帶領與提點，也謝謝脈動朋友們的陪伴與成長。看見大家都這麼勇敢穿越自己，寫下自己的生命之美，就覺得自己都跟著亮起來了，哈……這就是共修的好處：沾光。

Vidya 常說沒見過睡覺也可以修行這麼舒服的方式，感覺好幸福。睡著睡著，「三心黑噴泥」（something happening），吐著、哭著，能量流動了，療癒也自動發生了。肯工作在自己身上永遠不會白做工，認識自己永無止境。每脫一層皮才見到自己的真、善、美，原來，我不只是我！夙芬、Jade、汝育、Friya 是我也不是我……。

做脈動最大的收穫除了更認識自己，也因為內在的改變更接受自己，更愛自己，這真的是好棒好棒好幸福的感覺喔！

一直以脈動行者的精神來勉勵自己也與大家一起共勉。

經歷　經歷　　再經歷
穿越　穿越　　再穿越
勇敢　穿越　　經歷

朋友問 Astha。做脈動的心得，他說：「以前遇到不如意時，總覺得別人都是混蛋。進入脈動的學習驚覺原來自己才是混蛋，怎麼辦？也只能接受自己是混蛋了。奇怪的事是，反而越來越不會像過去那樣混蛋。」聽他的描述會心而笑。從察覺到接受，蛻變發生了。脈動像是點亮的燈，看到了也要願意轉化，然後我們輕鬆了。

我們的能量是種開放式系統，以致和萬物眾生產生交流，我們可以影響外在，外在也一樣影響我們。持續脈動的練習，保持內在的亮，也保持蛻變的扭力，也是所謂的覺知。靜心功法是進階式生命能量更趨精妙與平衡的技巧，也是內在自然的渴望。瞭解人生如御風而行，順波而流，偶爾顛簸偶爾衝擊，毫不傷損我們內在智慧的自由與瀟灑。

來自柏夆的分享

脈動—替我連接身體、意識與靈魂的一門生活哲學。

練習西藏脈動十餘年，一直都未曾細想，之於我「脈動」是什麼？但是，當我情緒低落的時候我會想練習它，當我覺得身心枯竭的時候我會想練習它，而當這兩者—情緒低落加身心枯竭結合在一起，出現在我身體有病狀的時候，我更想要練習它。

你可能會好奇，那這門「技巧」到底在這些時候，替我的生活帶來怎樣的改變？然而，我卻想要稍微修正一下上面的話語，這門「生活哲學」，真的替我的生活帶來很大的改變。讓我體會最多的，是在身體有病徵時的不愉快的感受—身體的不舒服伴隨著情緒的低落，像是一灘讓人深陷難以自拔的泥沼，如果這時候加上腦袋對於未來負面的想法，那真是將人打到無底深淵之中了。上述的這些的確是我接觸脈動之前的寫照。

不過，練習脈動之後，開始有了改變，從最初的體力變好而想繼續練習，到持續練習後發現自己有些相對應的情緒促發身體難過的感受，所以必須面對情緒；再隨著練習的日子一久，上面這些階段往復更迭之後，更發現原來自己一直重覆某些思維，而會想要做些改變。有趣的是，在我提到這些不同階段的變化，脈動都提供一個完整的系統讓我深入瞭解並且藉助它來幫助我自己。它讓我知道，身體亦連結著我們的情緒與意識，因此，它不僅是一門技巧，而是一種生活的哲學與態度。

西藏脈動提供給我一個身體、情緒與意識連結的地圖，只要願意留意及照料，生命的輪子就可以再次啟動，就像「脈動」這個字眼敘說的，與心的脈博一起，讓生命再次轉動。

來自宏洲的分享：

其實一開始聽到西藏脈動，心理是抗拒的，與其說是抗拒，不如說是恐懼更來得貼切。恐懼的其一是 Vidya 那透視人心的雙眼，在她面前似乎無所遁形，而更多的害怕，則是來自於沒有勇氣去再度面對早就被自己深埋塵封已久的黑暗歷史。如今回首來時路，才發現那些恐懼已然獲得釋放。

不管從孩提時期、求學階段或出社會工作，家庭問題、親密關係及自我價值的認同，對我始終是個無法擺脫的心理糾纏。不論自己多麼努力嘗試，或是義無反顧的總是撞得滿頭包，或是告訴自己下次不許重蹈覆轍了。但生命就像被設定程式般一樣，由不得我控制，遇到類似的事件總會繼續發生相同的循環，依舊困在情緒牢籠裡無法掙脫。

在學習西藏脈動的一路上，心情有時興奮滿足，有時痛苦沮喪，身體也會感到輕鬆或出現病痛，後來才知道這些反應都不是別人造成的，而都是來自於自己以往的壓抑卻從未察覺。

透過西藏脈動，讓自己一次又一次的看到自己經歷的過程，進而慢慢地產生了覺知的能量，經由覺知讓自己越來越能看到自己，更能瞭解生命的循環，當瞭解了，當看到了，手中緊握不放的執著自然就瞬間釋放了。

一路上非常感謝 Vidya 的付出與陪伴，及脈動朋友們的互助與支持。透過瞭解西藏脈動中的器官正負能量屬性及七部曲中能量流轉的過程，讓我瞭解到生命本身就是流動的，就是自由的，就是平衡的，就是完美的。論資歷來講，我還是隻脈動的菜鳥，期許自己持續跟上腳步，感謝西藏脈動，感謝 Vidya！

來自 Freire 的分享

脈動屋　有情屋

跟西藏脈動的緣起是一個朋友情義拉拔的過程！

感謝這位將是一輩子的好友！

過去只是粗淺的因緣認識奧修，對於許多法門是一無所知，甚至未曾聽聞。因為好友的邀請，我一起加入脈動屋的家庭。過去的習氣，讓我對於未知的事情，總是感到好奇，想進一步認識，卻總是三分鐘熱度，蜻蜓點水淺嚐則止，都還沒真正開始，好奇心又把我推往一個未知前進，甚少認真駐足學習，是個懶於修行卻又喜歡身上掛滿虛假不實的資歷。

任何學習與修行都需要時間，不論知見、學習，都需要經常地串習！當我練習脈動的過程缺乏沉澱與練習，導致我在跟課過程常常感到吃力與難以進入狀況，Vidya 帶領我們一起練習的過程，常常以口頭提醒要多用功，少數幾次以嚴厲面貌警告我的缺席，卻總又不放棄的多給予一次、一次的機會，在我的經驗之中，脈動練習對我產生好處之前，我早已充分感受到脈動屋的人情與溫暖。

Vidya不斷分享脈動的好處，重點並不在於她可以得到任何好處，而是提供一個學習者自身意識蛻變的好功法，在不同的推進的學習過程中，她總是不厭其煩的解說每種波七步曲的內涵、對應器官及其正負能量的呈現、階段與進程。我因為平日工作之故，常常於課程中昏睡與掉舉，除了Vidya對我上課的包容之外，每一位同修也經常性的鼓勵我，看到在這裡的每個人想好好提升自己的精神意識。

在我跟隨課程學習的一年半過程中，很高興有這一群持續努力於工作自身的朋友，雖然有時也會遺憾部分同修因故暫時離開，但每個人有其生命課題，不需他人置喙，我從中看到Vidya對每個不同生命面貌的包容，或留、或走、或鼓勵、或面質，總是生命的一種處境，Vidya面對不同處境的人給予的對話，常深刻地直指人心卻又充滿包容，是我在脈動屋學習過程中最為感動之處，處處有情，不執著卻又看重每一個此時此刻此次在的每一人。Vidya不斷的鼓勵我要好好學習，說這是一個懶人學習法，投入一點卻效益百倍，確實所言不虛。

西藏脈動是個真正工作在自身修行功法，我看到對自己有好處卻又輕鬆上手的功法，但因為功法工作在潛意識之故不易輕易推廣。因此，Vidya推動的脈動屋直至近期才初步完工，過程中，看到許多脈動的朋友默默出錢出力，是一個讓人感覺得到溫暖且可以攜手共同成長的地方。我很慶幸自己身逢其時，期待看到脈動屋讓更多人有機會親近西藏脈動。謝謝，Vidya及脈動屋的朋友！

來自汝貞的分享—脈動心得

「脈動」！生命中一個很重要的東西。七、八年前身邊的朋友開始上脈動，訴說了很多神奇的發生，心中燃起了一股好奇，但 Vidya 卻拒絕了我，當時心中受了很大的傷卻什麼也不敢說，後來知道她為什麼拒絕我。五年前 Vidya 為了店裡的客人開了一次一天的體驗營，讓我淺嚐了一下，雖然懵懵懂懂但也有了開始。

這兩、三年來有越多共同興趣的朋友，所以也能比較密集的練習。過程中有喜也有悲，經常有人問我花這麼多時間練習到底為什麼？我想沒有經歷過的人是無法體會的，所有的改變只有自己最清楚，過程中常常看到自己的情緒一直反覆的流動，剛開始會很害怕也很想逃，但一路走來有 Vidya 引領與提點和朋友的陪伴，真的很感謝，現在看到自我（Ego）來時，可笑笑地接受它來又快速的送它走。

面對很多人生的課題都能接受，不管好或不好，情緒的平靜與內心的安定真的非常幸福，也更能安靜的享受生活。以前光要坐車上臺北，一路上的緊張跟焦慮是外表看不出來的，但自己卻非常的清楚，現在就算到了國外也完全沒有任何的不安，別人的情緒也不會接收到自己的身上。

一路寫來好像只有舒服的，當然也有不舒服的時候，剛開始的練習常常有整天躺在沙發爬不起來，生病的感覺非常強烈加上身體的疼痛，不想跟客人說話的想法，心理默默的想請她趕快離開，不想多說……種種的情緒如排山倒海而來；現在知道這都只是過程，就像花開一樣，需要肥料的滋養，才能含苞開花，脈動是我的滋養劑，所以我常跟朋友說「脈動」是我生活的一部分，就像吃飯、睡覺一樣，我愛它也願意花時間與它同在。

心的練習曲：跟幾位同學有段時間一直練紅波，從丹田轉換到心能量一直很順暢，有一天突然感覺為什麼天天練的甲同學突然抓不到心的脈點，害得我很焦慮，她也很緊張。隔天跟另外兩位同學三P練習，乙同學手一放進去脈點不到30秒，就不自覺的移到了卵巢的脈點，動了幾次她的手後我放棄了，就讓她自然的來吧！

第二次換丙同學，她一開始也跟甲同學一樣不敢放進去，但幾分鐘後她就單刀直入到脈點，結束後她的一句話點醒了我，她知道甲同學和乙同學不敢放進去的感覺，這句話讓我看到了自己內心的不接受與抗拒，常常在練習中把自己情緒投射到同學的身上，自己走到胃的第五步，現狀很好拒絕被介入也不想被破壞，經歷這個過程後，對人的心防好像卸下了不少，不再有一道牆的感覺很舒服。

註：每個不同能量的人都很不一樣，甲同學（V型人：守候著等妳願意我再來）；乙同學（P型人：你不讓我進我就到其他地方去）；丙同學（A型人：我要進就是要進），有趣的脈動，別的地方感受不到的樂趣。

（作者註：脈動屋有個百次俱樂部，也就是說每個器官練百次，這也是所謂的火候。她是少數成員之一，親眼見證她氣質的轉變。由怯懦到爽朗，由青澀到迷人的美豔，相由心生，可見她內在醞釀的醇香。）

Vidya看朋友們的分享頗感動的，那麼深情的感謝。不過這是真的，雖然自我（Ego）最討厭不對盤的人事物，但在脈動裡，即使是彼此個性不對盤，很可能經驗給我們能量充電充得最棒的是那個討厭的傢伙。所以不管自我（Ego）的嘮叨，脈動還是照練，因為受益的永遠是自己，越過這樣的過程，感謝一定是真心的。

Vidya每次的課堂中會推薦朋友們閱讀幾本書作參考，或者選一本奧修師父的書陪在一旁。做一陣子脈動後再翻閱，看看有何發現，朋友們的回饋非常有意思，可以另做書表。

最近的課堂推薦由靈修大師Deepak Chopra及腦神經科學權威博士Rudolph E‧Tanzi合著的《Super Brain》（超腦零極限），非常有內涵的一本書，非常紮實的科學研究理論，遇上務實實修的脈動功法可以為其證實，親身體驗能量在神經系統流暢運作對身心靈的影響，更容易瞭解大師們的用心，心神領會其闡述的意義。

願我們的經驗分享給興趣意識蛻變的朋友們。

來自 Damodar 的分享

長時間在國外出差，回到臺灣走出飛機艙門第一件事就是打開手機，通常開機之後，最先收到的都是電信業者傳送「歡迎歸國……請撥打免付費專線……」之類的屁話。

週六從義大利回臺，出了機艙門之後，按照往例，一樣無意識地打開手機，但這次很不一樣，首先出現的簡訊竟然是 Vidya 傳來的，這時候腦海出現一句成語，叫做「心有靈犀」。

在義大利兩個禮拜的時間，幾個脈動的朋友同行，時不時就把 Vidya、Astha 掛在嘴邊，看到冰淇淋也唸一下，看到帕馬森起司也唸一下，諸如此類的不勝枚舉。所以回國後會接到 Vidya 的簡訊好像也就沒什麼好大驚小怪的了。

回過神來，打開簡訊一看 Vidya 給我的內容是這樣的，「親愛的，你們玩得高興回來囉，幫脈動書寫篇心得，願意嗎？」頓時腦筋一片空白，天啊！難道妳不知道要我寫一篇心得要死多少細胞吧？回國的第一個任務竟是如此艱鉅，想著想著，不禁悲從中來……

第二次回過神來已經是在桃園回臺中的高鐵上，情緒漸漸平復之後，很清楚知道這是我的老鷹（註一）又來了，於是打從內心深處泛起一絲絲的溫暖，跟 Vidya 帶領我們進入靜心世界的辛勞相比，寫篇心得，死幾億個細胞也就顯得微不足道了。

時間回到十二年前，三十二歲剛換了工作，長時間的高壓下，甲狀腺機能亢進第二次發作，情緒出了很大的問題（註二），正在進退維谷、手足無措的階段，一個偶然的機會（註三）之下跟著Vidya進入西藏脈動的靜心世界。

本以為靜心是打坐或冥想之類的，進入西藏脈動之後才知道這是自己狹隘的想像。靜心開始的時候，幾十個人圍成一個圓圈圈，發出奇怪的聲音（註四），而且還要重複三次，我當時心裡想著，光這樣就會讓情緒找到出口？更奇怪的是還要接受別人把食指伸到你的嘴巴裡面，伸進去也就算了，還要放45分鐘，看到這裡，身為讀者的你不覺得奇怪嗎？如果你也覺得奇怪，很正常，因為你的老鷹也來了。

但是這些質疑與不安的念頭，在同伴把食指放進你的嘴巴的脈點之後完全不復存在，全身的肌肉放鬆，緊張的情緒消失無蹤，取而代之的是一種無以言喻的輕盈與平靜（註五）。偶爾還會有不帶任何情緒、從丹田深處發出的大哭或大笑（註六）。這種感覺除非有見過世面的修行人士才能瞭解，光靠三言兩語或文字是很難傳達的。

很多朋友看著我接觸脈動十二年，經常會說你修行（註七）這麼久好像沒什麼不同。的確，有了西藏脈動之後，除了呼吸空氣，我還是要按時吃飯喝水，好讓生命得到延續。因此我必須繼續為生活上的柴、米、油、鹽奔波（註八），應付情緒的喜、怒、哀、樂的無常，生、老、病、死還是照樣輪迴。但是，我很清楚，我已經從本質上獲得平衡，打從心裡接受現實世界的一切。西藏脈動已經成為我日常生活的一部分，如果就現在的階段來說，更是我的能量充電站。

寫到這裡，發現還有很多過程想跟大家分享，奈何手無妙筆，長不出「花生」，只能以兩句話為西藏脈動做個注解，「淺入深出、無以言喻」。最後，還是要不免俗地一一感謝，感謝老婆、感謝Vidya、感謝脈動的朋友。

註一：西藏脈動說，所有的一切負面情緒都來自於自我（Ego）。我剛開始接觸脈動時，經常聽Vidya說「當Ego來時，看著自己的Ego……」，我聽得出來Ego是個很簡單的英文字，不就是「老鷹」嗎？所以剛進入西藏脈動初期，我有很長一段時間把「老鷹」當成西藏脈動的幸運物，直到幾年前我才清楚原來這是個天大的誤會。

註二：在西藏脈動裡面沒有任何事情是有問題的，如果你覺得有問題，它只不過是電能不平衡罷了。

註三：有人說機緣、有人說緣分、也有人說因果……等等的，個人認為這種說法噁心肉麻，我是不會這麼說的。本人在此聲明，這僅是個人看法，不代表本書作者立場。

註四：那是十二年剛接觸西藏脈動的看法，現在已經不奇怪了，是特別！

註五：我不知道這段話讀者信不信，反正我是信了……

註六：這種現象只有在靜心的過程中才會有，所以讀者不用擔心接觸西藏脈動之後，會不會像神經病一樣突然在街上大哭或大笑。

Vidya說只有全然接受，沒有好或不好，你只要看著它來、看著它去就行了。西藏脈動的朋友說，這是靜心的最高境界，可遇不可求。的確，我經過幾次這樣的經歷之後，不只生理及心理產生極大的改變，連老婆都會覺得我變年輕了；我在說什麼，你知道的，呵呵！

註七：跟西藏脈動朋友分享有關修行概念，我認為，既然來到這個世界，就應該享受體驗這一切。生活上如果沒有柴、米、油、鹽、喜、怒、哀、樂、生、老、病、死輪番上陣，好像不太能顯示出西藏脈動在現今世道的珍貴？

註八：就算接觸西藏脈動之後只要吸空氣就可以活下來，但家裡的老婆跟老母不可能只跟著我吸空氣，所以親愛的朋友們，養家還是得賺錢的。

註九：Vidya 解釋自我（Ego）是過去式的經歷套用在現在式，是頭腦的機械式反應，形成對「我」的執著與相信，但不一定是事實。

哈哈哈！課堂上有 Damodar 在總是笑聲不斷，他對脈動屋更是劍及履及的付出與參與。感謝身邊真摯可愛的朋友們，請允許脈動書的分享篇在 Vidya 的笑聲裡結尾吧！祝福大家！

國家圖書館出版品預行編目(CIP)資料

西藏脈動瑜珈 - 肉體、精神、意識、靈性的全面淨化 / Vidya 著 .
-- 第一版 . -- 臺北市 : 樂果文化出版 : 紅螞蟻圖書發行 , 2015.03
面 ; 公分 . -- (樂健康 ; 17)
ISBN 978-986-5983-85-7(平裝)

1. 瑜珈

137.84 104001672

樂健康 17

西藏脈動瑜珈 - 肉體、精神、意識、靈性的全面淨化

作　　者 / Vidya
總 編 輯 / 何南輝
責任編輯 / 韓顯赫
行銷企劃 / 黃文秀
封面設計 / 鄭年亨
內頁設計 / 申朗創意

出　　版 / 樂果文化事業有限公司
讀者服務專線 / (02) 2795-3656
劃撥帳號 / 50118837 號　樂果文化事業有限公司
印 刷 廠 / 卡樂彩色製版印刷有限公司
總 經 銷 / 紅螞蟻圖書有限公司
地　　址 / 台北市內湖區舊宗路二段 121 巷 19 號 (紅螞蟻資訊大樓)
電話 : (02) 2795-3656
傳真 : (02) 2795-4100

2015 年 3 月第一版　定價 / 280 元　ISBN 978-986-5983-85-7
※ 本書如有缺頁、破損、裝訂錯誤，請寄回本公司調換